질문하면 바로바로
답이 나오는
챗GPT

초판 2쇄 발행 2024년 5월 12일

글쓴이	조남철
그린이	이국현
편집	오수연
디자인	이재호
펴낸이	이경민
펴낸곳	㈜동아엠앤비
출판등록	2014년 3월 28일(제25100-2014-000025호)
주소	(03972) 서울특별시 마포구 월드컵북로22길 21, 2층
홈페이지	www.dongamnb.com
전화	(편집) 02-392-6901 (마케팅) 02-392-6900
팩스	02-392-6902
SNS	f ⓘ blog
전자우편	damnb0401@naver.com
ISBN	979-11-6363-711-0 (73810)

※ 책 가격은 뒤표지에 있습니다.
※ 잘못된 책은 구입한 곳에서 바꿔 드립니다.
※ 이 책에 실린 사진은 셔터스톡, 위키피디아에서 제공받았습니다. 그 밖의 제공처는 별도 표기했습니다.

도서출판 뭉치는 ㈜동아엠앤비의 어린이 출판 브랜드로, 아이들의 지식을 단단하게 만들어 주고, 아이들의 창의력과 사고력을 키워 주어 우리 자녀들이 융합형 창의 사고뭉치로 성장할 수 있도록 좋은 책을 만들겠습니다.

펴내는 글

챗GPT란 무슨 기술일까?
챗GPT로 우리는 무엇을 할 수 있을까?

　선생님의 질문에 교실은 일순간 조용해지기 시작합니다. 인내심이 한계에 다다른 선생님께서 콕 집어 누군가의 이름을 부르는 순간 내가 걸리지 않았다는 안도감에 금세 평온을 되찾지요. 많은 사람 앞에서 어떻게 말을 해야 할까 고민 한번 해 보지 않은 사람은 없을 겁니다.

　사람들 앞에서 자신의 생각을 조리 있게 전달하는 기술은 국어 수업 시간에만 필요한 것이 아닙니다. 학교 교실뿐만 아니라 상급 학교 면접 자리 또는 성인이 된 후 회의에서도 자신의 의견을 분명히 표현할 수 있어야 합니다. 하지만 어디서부터 시작해야 할지 몰라 입을 떼는 일이 쉽지 않습니다. 혀끝에서 맴돌다 삼켜 버리는 일도 종종 있습니다. 얼떨결에 한마디 말을 하게 되더라도 뭔가 부족한 설명에 왠지 아쉬움이 들 때도 많습니다.

　논리적 사고 과정과 순발력까지 필요로 하는 토론장에서 자신만의 목소리를 내려면 풍부한 배경지식은 기본입니다. 게다가 고학년으로 올라가서 배우는 수업과 진학 시험에서의 논술은 교과서 속의 내용만을 요구하지 않습니다. 또한 상대의 의견을 받아들이거나 비판하기 위해서도 의견의 타당성과 높은 수준의 가치 판단을 해야 하는 경우가 많은데, 자신의 입장을 분명히 하기 위해선 풍부한 자료와 논거가 필요합니다.

토론왕 시리즈는 사회에서 일어나는 다양한 사건과 시사 상식 그리고 해마다 반복되는 화젯거리 등을 초등학교 수준에서 학습하고 자신의 말로 표현할 수 있도록 기획되었습니다. 체계적이고 널리 인정받은 여러 콘텐츠를 수집해 정리하였고, 전문 작가들이 학생들의 발달 상황에 맞게 스토리를 구성하였습니다. 개별적으로 만들어진 교과서에서는 접할 수 없는 구성으로 주제와 내용을 엮어 어린 독자들이 과학적 사고뿐만 아니라 문제 해결력, 비판적 사고력을 두루 경험할 수 있도록 하였습니다. 폭넓은 정보를 서로 연결 지어 설명함으로써 교과별로 조각나 있는 지식을 엮어 배경지식을 보다 탄탄하게 만들어 줍니다. 뿐만 아니라 국어를 기본으로 과학에서부터 역사, 지리, 사회, 예술에 이르기까지 상식과 사회에 대한 감각을 익히고 세상을 올바르게 바라보는 눈도 갖게 할 것입니다.

　『질문하면 바로바로 답이 나오는 챗GPT』는 누구나 인공 지능을 손쉽고 효율적으로 활용하도록 해 주는 기술에 대한 이야기입니다. 매일 숙제하느라 지쳐 있던 신데렐라는 백설 공주네 집에 놀러 갔다가 자료 조사부터 보고서 작성까지 몇 초 만에 뚝딱 해결해 주는 챗GPT를 알게 됩니다. 신데렐라와 함께 챗GPT 사용법을 배워 인공 지능이 얼마나 다양한 분야에서 놀라운 결과물을 만들어 내는지 여러분도 직접 확인해 보세요. 챗GPT를 사용할 때 주의할 점과 세계적으로 논란이 된 문제들에 대해서도 함께 알아봅시다.

편집부

차례

펴내는 글 · 4
챗GPT는 똑똑해 · 8

1장 옆 동네 백설 공주에게는 비밀이 하나 있지 · 11

신데렐라와 게으른 두 언니

비밀을 알게 되는 순간

토론왕 되기! 인공 지능 프로그램을 이용하여 숙제를 해결해도 되는 걸까?

2장 언니들 구박 속에서 살아남는 법 · 39

도와줘, 챗GPT!

모두의 친구 사용법

토론왕 되기! AI도 감정을 느낄까?

뭉치 토론 만화
세상에 완벽한 기계는 없다 · 67

3장 진짜 유리 구두 · 73

유리 구두와 마법 세계의 모험

내 글이 아니야

토론왕 되기! 챗GPT로 만든 창작물, 누구의 것인가?

 **4장 독 사과와 진짜 사과를 구분하는 법 · 103**

챗GPT의 배신

진짜로 탈퇴 결심

`토론왕 되기!` 어떻게 신기술을 지혜롭게 받아들일까?

 **5장 오래오래 행복하게 살았대요 · 121**

돌아갈 수 없어

평화로운 미래를 위해

`토론왕 되기!` 챗GPT를 비판적인 자세로 사용하는 방법

어려운 용어를 파헤치자! · 139

알아 두면 좋은 생성형 AI 관련 사이트 · 140

신나는 토론을 위한 맞춤 가이드 · 141

1장

옆 동네
백설 공주에게는
비밀이 하나 있지

신데렐라와 게으른 두 언니

"신데렐라? 신데렐라? 어디 있어? 신데렐라?"

이크. 작은언니 목소리다. 나는 책상에 엎드려 깜빡 졸고 있었다. 그러다 다급하게 나를 찾는 작은언니 목소리에 눈을 번쩍 떴다.

'몇 시지? 헉! 벌써 아침 7시잖아?'

나는 책상 위에 놓인 시계를 확인하고 화들짝 놀랐다. 학교에 가려면 한 시간 삼십 분밖에 남지 않았다. 언니가 엊그제 시킨 자료 조사를 오늘까지 해서 주기로 했는데 큰일이다!

"아직 자고 있니? 신데렐라! 너, 내가 시킨 자료 조사 다 했어? 내가 오늘 학교에 가져가야 한다고 했잖아!"

"아…… 그게…… 유형 문화재는 다섯 개 다 찾았는데, 무형 문화재

는 세 개밖에 못 찾았어. 어쩌지, 언니?"

작은언니는 역시나 자료 조사 이야기부터 꺼냈다. 나는 얼른 이실직고했다. 도서관에 가서 백과사전을 아무리 찾아봐도 우리 동네 무형 문화재에 대한 자료는 두 개가 전부였다. 나머지 한 개도 인터넷을 겨우겨우 뒤져서 알아낸 것이었다.

"아니, 자료 조사를 다 못 했으면 미리 말을 했어야지! 오늘까지 해 가야 하는데 난 어떡하란 말이야! 으악!"

화가 난 작은언니는 발을 동동 구르며 소리를 질렀다. 그러자 엄마가 한달음에 내 방으로 쫓아왔다.

"둘째 너! 이게 다 무슨 소리야? 엄마가 숙제는 네 힘으로 하라고 했지! 대체 네 숙제를 왜 신데렐라에게 시키는 거야!"

엄마는 작은언니를 야단쳤다.

"숙제를 시킨 게 아니고! 어……, 자료 조사를 도와 달라는 거였어요……."

'끄응, 그게 그거지.'

나는 속으로 '숙제나 자료 조사나 같은 말이 아닌가?'라고 생각했다. 작은언니는 숙제를 혼자 해결하는 법이 없었다. 꼭 나에게 일부를 도와 달라고 했다.

"오늘까지 해 가야 하는 숙제가 대체 뭔데?"

엄마가 성난 얼굴로 작은언니에게 물었다.

"우리 동네 무형 문화재랑 유형 문화재를 5개씩 찾고 그중 한 가지를 골라서 자세히 조사해 오는 거요."

작은언니 목소리는 기어들어 갔다.

"그래서 네가 신데렐라에게 뭘 부탁했지?"

"그, 그러니까……. 우리 동네에 무, 무형 문화재랑 유, 유형 문화재가 뭐가 있나……."

"둘째 너어!"

"잘못했어요오!"

작은언니 말을 가만히 듣던 엄마는 결국 화를 참지 못하고 호통쳤다. 작은언니는 부리나케 내 방에서 빠져나갔다.

"둘째 너, 이리 오지 못해?"

엄마는 언니가 도망간 문 쪽을 바라보며 다시 소리를 지르곤 한숨을 푹 내쉬었다. 그리고 나를 흘끔 쳐다보며 물었다.

"신데렐라, 네 숙제는 다 했니?"

"아, 아뇨. 그, 그게……."

"너도 앞으로 언니 숙제 도와준답시고 시간 낭비하느라 네 숙제까지 못 하면 혼날 줄 알거라. 알겠니?"

"네? 네……."

엄마는 쌀쌀맞은 목소리로 내게도 한마디를 던지고 방에서 나갔다. 휴, 나라고 왜 내 숙제를 안 하고 싶겠냐고요. 작은언니 숙제를 안 도와줬다가는 며칠이 힘들다. 내 필통 속 연필을 죄다 부러뜨려 놓고는 연필깎이를 안 빌려준다든지, 엄마가 똑같이 나누어 준 돼지고기 반찬을 내 몫까지 다 먹어 버린다든지. 아무튼 작은언니는 꼭 복수하기 때문이다.

나는 책가방을 챙겨 주방으로 갔다. 작은언니는 엄마에게 혼이 나서 울었는지 콧물을 훌쩍거리며 토스트를 먹고 있었다. 반면 큰언니는 콧노래를 흥얼거리며 빵에 잼을 바르고 있었다.

"신데렐라, 잘 잤니? 오늘도 아침부터 둘째랑 한바탕했다며?"

"큰언니, 안녕."

나는 작은언니 눈치를 살피며 조심스럽게 자리에 앉았다.

"너희들, 엄마가 한 번 더 이야기하는데, 앞으로 신데렐라한테 숙제 도와 달라고 하면 아주 혼날 줄 알아! 알겠니?"

"엄마, 전 아니라고요!"

엄마 말에 큰언니는 억울하다는 듯 말했다.

"아니긴 뭐가 아니야? 너도 그림 그릴 때마다 귀찮은 건 신데렐라에게 시키잖니!"

"아, 뭐, 그건…… 색칠하는 거 정도야 부탁할 수 있죠. 워낙 시간이 오래 걸리니까."

그림 그리기를 좋아하는 큰언니는 종종 색칠하기를 나에게 맡기곤 했다.

"얘가 엄청나게 도와주는 것도 아녜요. 뭐 하나 해 달라고 하면 며칠씩 걸리는데. 흥!"

작은언니는 괜히 나에게 눈을 흘기며 말했다. 나는 왠지 속으로 뜨끔했다. 작은언니 말이 틀린 건 아니었다. 나도 언니가 도와 달라는 걸 척척 도와주고 내 숙제도 얼른 끝내 놓고 마음껏 놀고 싶다. 하지만 나보다 두 살 많은 작은언니 숙제를 돕는 일은 쉽지 않다. 인터넷에 검색할 때도 어디서 어떻게 검색해야 할지 모를 때가 많았다.

"신데렐라가 손이 좀 느리긴 해! 크크. 색칠도 한번 시키면 하루 종일 걸린다니까."

"이 녀석들이 진짜! 엄마 말을 지금까지 귓등으로 들었어?"

언니들이 돌아가며 나를 핀잔하자 엄마는 다시 한번 큰소리를 냈다.

"엄마! 우리 동네 큰 호수 근처에 사는 백설 공주 아시죠? 백설 공주는 일곱 난쟁이 숙제를 그렇게 잘 도와준대요! 난쟁이들이 매일같이 얼마나 자랑하는 줄 아세요?"

작은언니는 어느새 눈물을 뚝 그치고 토스트를 쩝쩝 먹으며 엄마에게 말했다. 작은언니 말에 엄마는 기가 찬다는 듯 팔짱을 끼고 언니를 바라봤다.

"오! 나도 얘기 들었어. 백설 공주는 진짜 똑똑하고 손이 빠른가 봐. 어떻게 일곱 명 숙제를 다 도와주고도 시간이 남을까?"

큰언니도 소문을 들었다는 듯 작은언니 말에 맞장구쳤다. 그런데 일곱 명 숙제를 도와주는 것도 모자라서 시간이 남는다고? 그 말을 듣고 있던 나는, 나도 모르게 큰언니에게 되물었다.

"뭐? 시간이 남는대?"

"그래. 학교 끝나고 집에 오는 길에 보면 백설 공주는 매번 뒷마당에서 그네 타고 놀고 있던걸?"

"진짜야?"

나는 소스라치게 놀라 입을 틀어막지 않을 수 없었다. 나는 고작 언니 두 명 숙제를 돕는 것도 힘들어서 툭하면 밤을 새우고 내 숙제도 못 해 가기 일쑤인데! 백설 공주는 일곱 난쟁이 숙제를 다 도와주고도 그네 타고 놀 시간이 있단 말이야? 믿을 수 없어. 거짓말이겠지. 거짓말일 거야!

"거짓말."

나는 혼자 중얼거렸다. 그러자 작은언니가 그 소리를 들었는지 발끈하며 말했다.

"거짓말 아니거든? 나도 봤어. 백설 공주 맨날 나와서 노는 거. 그리고 일곱 난쟁이가 자랑하는 걸 신데렐라 네가 못 들어서 그래. 얼마나 얄미운지 알아?"

　나는 자존심이 팍 상했다. 매번 언니들 숙제 도와주느라 끙끙대면서도 늦게 한다고 구박받는 것도 서러운데, 이제는 백설 공주와 비교까지 당하다니! 백설 공주는 마법이라도 쓰는 걸까?

　"호, 혹시 그 마법 거울한테 도움을 받는 건 아닐까? 거울아, 거울아, 우리 동네 문화재에는 무엇이 있니? 이렇게 말이야!"

　나는 백설 공주에게 무슨 비밀이 있는 게 틀림없다고 생각하고 말했다. 언니들은 콧방귀를 뀌었다.

"신데렐라, 말이 되는 소리를 해. 그리고 마법 거울은 백설 공주 거가 아니라 왕비 거라고!"

"앗, 그런가?"

나는 작은언니의 타박에 머쓱해졌다.

마법의 거울이 대화형 인공 지능?

모르는 게 없는 마법의 거울

동화 백설 공주 이야기에 등장하는 마법의 거울은 무엇을 묻든 모른다고 대답하는 법이 없어. 물어보기가 무섭게 뚝딱 답을 내놓곤 하지.

현대 과학 기술로 마법의 거울을 재현한다면 어떤 모습일까? 아마 그것과 가장 비슷한 형태가 바로 대화형 AI(인공 지능)일 거야.

모두의 질문에 대답하는 인공 지능

대화형 AI란 스마트 기기를 이용하여 챗봇과 같은 앱에서 컴퓨터와 사람이 대화할 수 있는 기술을 가리키는 말이야. 이때 컴퓨터 프로그래밍 언어가 아니라 사람의 언어로 대화할 수 있다는 점이 가장 큰 장점이지.

생각해 보니 마법 거울은 백설 공주를 못 살게 괴롭히던 왕비 것이었다는 게 떠올랐다. 그러고 나자 더욱 궁금해졌다. 대체 백설 공주는 무슨 수로 일곱 난쟁이의 숙제를 모두 도와주고도 시간이 펑펑 남아 도는 걸까?

"지금 그게 중요하니? 일곱 난쟁이야 어떻든 간에 너희 둘은 앞으로 신데렐라에게 숙제 시키거나 도와 달라고 하지 마! 절. 대. 로. 알겠니?"

부엌 한쪽에 서서 가만히 우리 대화를 듣던 엄마가 언니들에게 신신당부했다.

"아, 알겠다고요."

작은언니는 엄마 눈치를 보며 기어들어 가는 목소리로 대답했다. 그리고 고개를 푹 숙인 채 곧장 나를 흘겨보았다. 나, 난 잘못한 게 없는데! 휴.

아무래도 백설 공주네 집을 찾아가 보는 게 좋겠다. 엄마는 언니들에게 절대 안 된다고 했지만, 며칠만 지나면 언니들은 나에게 빵이나 사탕을 사 주며 작은 일부터 또 시키려 들 게 뻔했다. 백설 공주는 무슨 수를 쓰길래 난쟁이들 숙제를 그렇게 척척 도와주는지 꼭 알고 싶기도 했다.

비밀을 알게 되는 순간

 수업이 끝나고 나는 부리나케 가방을 챙겨 제일 먼저 교실에서 나왔다. 반 친구들이 어딜 그렇게 급하게 가느냐고 물었지만 대답할 여유조차 없었다. 백설 공주네에 가야 했다. 등굣길에 백설 공주에게 연락했더니 백설 공주는 반가워하며 흔쾌히 나를 자기 집에 초대했다. 종일 백설 공주네 집에 갈 생각에 수업도 듣는 둥 마는 둥 했다. 학교에서 출발한 지 15분 만에 나는 호수 근처에 있는 백설 공주네 집에 도착했다. 대문 앞에서 잠시 숨을 골랐다. 왜인지 살짝 떨렸다.
 '딩동딩동.'
 "신데렐라, 어서 와! 이야, 이게 정말 얼마 만이야!"
 벨을 누르자마자 백설 공주는 현관문을 재깍 열고 나와서 나를 맞아 주었다. 백설 공주는 나를 껴안으며 왜 이렇게 오랜만에 놀러 왔냐며 타박했다.

"요즘 좀 바빴어, 헤헤."

"야, 초등학생이 바쁠 일이 뭐가 있냐. 참 나, 하하."

"백설 공주 네가 학교를 안 다녀서 그래. 요즘 초등학생이 얼마나 바쁜데?"

"하긴 난쟁이들 보면 숙제가 여간 많은 게 아니더라."

'숙제'라는 말에 나는 귀가 솔깃해졌다. 안 그래도 난쟁이들 숙제를 어떤 식으로 도와주는지 자연스럽게 물어볼 방법이 없을까 하고 고민하고 있었는데, 백설 공주가 먼저 말을 꺼내 주다니! 나는 기회를 놓치지 않았다.

"맞아! 숙제! 거기다 나는 언니들 숙제까지 도와줘야 한다니까. 끙."

"언니들 숙제? 네가 언니들보다 어린데 언니들 숙제를 어떻게 도와?"

내 말에 백설 공주는 놀랍다는 듯 물었다.

"그러니까 말이야! 아무튼 내 숙제도 많은데 언니들 숙제까지 돕다 보면 하루가 어떻게 가는지 모르겠다니까."

"에구구. 신데렐라 네가 정말 힘들겠구나. 거실로 가자. 맛있는 차랑 쿠키 준비해 놓았어."

'이런! 여기서 대화가 끊기면 안 되는데!'

나는 마음이 조급해졌다. 이야기 주제가 바뀌지 않도록 계속해서 말을 이어 나가기로 했다.

"근데 요즘 한 가지 더 날 힘들게 하는 일이 있어."

"응? 그게 뭔데?"

"언니들이 그러는데…… 일곱 난쟁이가 매일같이 자랑한다는 거야."

"난쟁이들이? 뭘?"

내 말에 백설 공주는 놀란 표정으로 되물었다.

"백설 공주 네가 숙제를 정말정말 잘 도와준다면서 언니들에게 매일같이 자랑한다지 뭐야. 그러면서 나는 시키는 것도 제대로 못 하고 손도 느리다고 구박하는 거 있지, 휴."

"정말? 난쟁이들이 그런 걸 학교 가서 자랑했단 말이야? 이 녀석들, 못 말리겠네."

백설 공주는 어쩔 줄 몰라 하는 표정을 지으면서도 내심 기분이 좋은 것 같았다. 나는 최대한 자연스럽게 백설 공주에게 비결을 알아내려고 애썼다. 난쟁이들 숙제를 척척 돕는 비결을! 나는 거실 소파에 앉아 내 앞에 놓인 차를 한 모금 들이켜며 백설 공주를 힐끗 쳐다보았다.

"백설 공주야, 사실은 나 궁금한 게 있어."

"뭔데?"

"혹시 말이야. 너…… 마법 거울 같은 거 있니?"

"마법 거울? 그게 무슨 소리야?"

백설 공주는 내 말에 어리둥절해하며 쿠키를 한 입 베어 물었다.

"나는 언니 둘의 숙제를 돕는 데도 밤을 새우는데…… 너는 어떻게 난쟁이 일곱 명의 숙제를 도우면서도 시간이 남나 싶어서. 큰언니가 지나가면서 네가 그네 타며 노는 모습을 보았다지 뭐야? 나라면 잠이 모자라서 난쟁이들이 학교에 가 있는 동안 쿨쿨 자기 바쁠 텐데 말이지."

"근데 갑자기 마법 거울은 왜 찾았어?"

"아, 그래서…… 나는 혹시 네가 '거울아~ 거울아~ 오늘은 이 숙제 좀 도와줄 수 있겠니?' 하고 마법 거울에게 부탁하는 건 아닐까 생각했어. 헤헤."

"아이 참, 신데렐라, 그런 게 어딨어. 하하하!"

"그럼 숙제를 그렇게 빨리 끝내는 비결이 대체 뭐야? 나 좀 제발 알려 줘, 흑."

"음, 사실 한 가지 비결이 있기는 하지."

내가 울상을 지으며 말하자 백설 공주는 갑자기 목소리를 낮추며 대답했다.

"그래! 뭔가 있을 거라 생각했어! 뭔데? 대체 그게 뭐야?"

"궁금해?"

"응. 정말 궁금해! 알려 줘!"

"바로 챗GPT라는 거야."

"채, 챗, 뭐라고?"

백설 공주는 갑자기 알아들을 수 없는 말을 내뱉었다. 영어로 뭐라고 한 거 같은데?

"챗GPT. 대화를 나눈다는 뜻의 '채팅'을 줄인 '챗(Chat)'에 GPT라는 말을 붙인 거야. GPT는 Generated Pre-trained Transformer의 앞 글자를 딴 거고. '어떤 말을 던져 줬을 때 다음 말이 무엇인지까지 예측하며 글을 만든다'라는 뜻이야."

"으응? 이게 다 무슨 말이야? 난 하나도 못 알아듣겠어. 그거랑 숙제

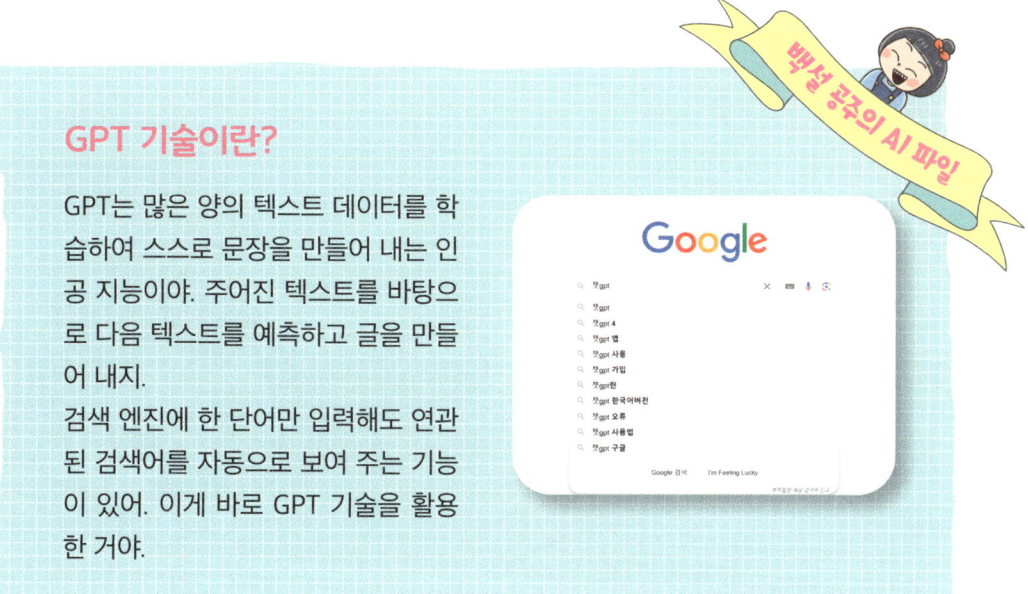

GPT 기술이란?

GPT는 많은 양의 텍스트 데이터를 학습하여 스스로 문장을 만들어 내는 인공 지능이야. 주어진 텍스트를 바탕으로 다음 텍스트를 예측하고 글을 만들어 내지.
검색 엔진에 한 단어만 입력해도 연관된 검색어를 자동으로 보여 주는 기능이 있어. 이게 바로 GPT 기술을 활용한 거야.

랑 무슨 상관이 있지?"

"맞아, 처음엔 이게 다 무슨 소리인가 싶을 거야. 따라와 봐. 내가 직접 보여 줄게!"

백설 공주는 자리에서 일어나 나를 공부방으로 이끌었다. 나는 백설 공주 뒤를 따라가면서도 방금 백설 공주가 한 말이 무슨 뜻이었는지 이해해 보려고 애썼다. 로봇이라도 있다는 걸까? 영어 이름을 가진 로봇이 숙제를 도와준다는 건가?

"이쪽이야. 난쟁이들과 내가 함께 숙제하는 곳."

백설 공주가 안내한 방은 꽤 넓었다. 한쪽 벽에는 컴퓨터 다섯 대가 쪼르르 놓여 있었고, 방 한가운데에는 커다랗고 둥근 책상이 있었는데

거기가 바로 난쟁이들과 백설 공주가 함께 숙제하는 곳이라고 했다. 하지만 그게 끝이었다. 아무리 둘러보아도 특이한 건 없었다. 챗 어쩌고 하는 건 안 보였다. 로봇도 없었다.

"근데 백설 공주야, 아까 말했던 그…… 챗? 그건 어디에 있어?"

"아, 그건 인터넷에 접속해야 사용할 수 있어."

백설 공주는 빙긋 웃으며 말했다.

"아, 로봇 같은 기계가 아니었구나! 그럼 검색 엔진 같은 거야?"

"음, 그것과는 조금 달라. 말로 설명하는 것보다 직접 보여 주는 게 좋겠어. 이리 와서 앉아 봐."

백설 공주는 컴퓨터 한 대를 켜더니 그 앞에 자리를 잡고 앉았다. 그

리고 바로 옆에 다른 의자를 끌어당기더니 내게 앉으라고 했다. 나는 호기심에 가득 찬 눈으로 의자에 앉으며 모니터를 뚫어져라 바라보았다. 드디어 백설 공주의 비밀을 알게 되는 순간이었다!

"신데렐라, 최근에 어렵다고 느꼈던 숙제가 있었어? 하나만 말해 볼래?"

"응. 오늘 아침에도 작은언니 숙제 때문에 한바탕했어. 우리 지역 무형 문화재와 유형 문화재를 각각 다섯 개씩 찾고 그중 한 개를 골라서 특징을 자세히 적어 가는 숙제였어. 그런데 도서관이랑 인터넷을 아무리 뒤져도 무형 문화재는 두 개밖에 없잖아. 작은언니는 화가 나서 소리 소리 지르고 난리가 났지."

"저런, 그런 일이 있었구나. 챗 GTP에게 한번 물어보자. 아까 검색 엔진 같은 거냐고 물었지? 그거랑 사용법이 크게 다르지는 않지만, 챗GPT가 하는 일은 훨씬 다양해. 일단 챗GPT는 우리와 대화를 할 수 있거든."

"대화를 한다고? 어떻게?"

"잘 봐. 여기가 챗GPT 사이트야. 돈을 내고 쓰는 버전도 있지만 우리처럼 숙제에 도움을 받는 정도라면 무료 버전이면 충분해. 먼저 챗GPT 사이트에 가입을 하고 로그인을 한 후에, 여기 화면 왼쪽 가운데 부분에 있는 'Try ChatGPT' 버튼을 누르면 대화를 시작할 수 있어."

"어, 근데 전부 영어네? 힝, 나 영어 잘 못 하는데."

백설 공주가 연 사이트는 온통 영어로 가득했다. 백설 공주는 익숙한 듯 거리낌 없이 여기저기를 클릭했다. 나는 왠지 주눅이 들었다.

"괜찮아. 어렵지 않아! 처음 한두 번만 사용하면 금세 익숙해질 거야! 그리고 챗GPT는 다양한 언어를 구사하거든. 한글도 잘 쓰지. 물론 영어로 질문을 던지거나, 요청했을 때 좀 더 정확한 답을 얻을 수 있지만. 한글로 묻거나 요청해도 충분히 좋은 결과를 보여 주니까 걱정 마."

"아……. 그렇구나."

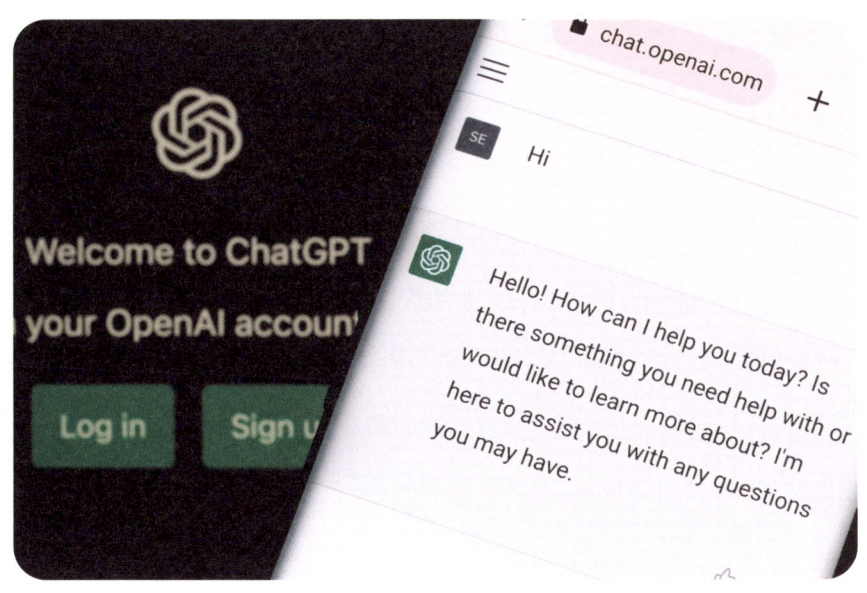

↑ 챗GPT 사이트의 실제 화면

챗GPT 화면을 띄워 놓고 나에게 이것저것 설명하는 백설 공주는 마치 공학 박사님 같았다. 백설 공주는 언제 이런 것까지 배운 거지? 나는 백설 공주를 만난 김에 챗GPT 사용법을 확실히 배워 가야겠다고 다짐했다.

"여기 커서가 깜박이는 곳을 보면 'send a message.'라고 쓰여 있지? 메시지를 입력하라는 뜻이야. 검색 엔진을 쓸 때에도 '검색어를 입력하세요.'라는 말이 뜨잖아. 그거랑 비슷한 거라고 보면 돼. 우리 지역 문화재를 조사해야 한다고 했지? 여기 대화창에다 '뭉치시 무형 문화재와 유형 문화재를 각각 5개씩 찾아 줘.' 이렇게 쳐 볼게."

"어? 진짜 이렇게 말하듯이 써도 되는 거야?"

"응, 맞아. 그래서 챗GPT를 대화형 인공 지능이라고도 불러. 자, 입력을 하고 엔터 키를 치면…… 나온다!"

"어? 우와아!"

백설 공주가 엔터 키를 누르자마자 챗GPT는 진짜로 '네, 뭉치시의 무형 문화재와 유형 문화재를 5개씩 알려 드릴게요.'라고 대답한 뒤 문화재 이름을 주르륵 보여 주었다. 세상에나!

"이, 이렇게 빨리 끝난다고?"

"그렇네? 단 10초 만에 자료 조사 끝."

백설 공주는 당황해하는 나를 쳐다보며 환하게 웃었다.

AI와 인간은 무엇이 다를까?

★ 모두의 질문에 대답하는 인공 지능

AI가 낱말의 의미를 이해하게 된 건 2013년입니다. AI 로봇 '소피아'는 2017년 유엔 회의에 참석해 수준 높은 질의응답을 해내서 주목을 받았습니다. 그 즈음에 연결된 기기를 통해 간단한 명령어를 이해하고 수행하는 AI 스피커도 출시되었습니다.

◐ AI 로봇 소피아가 무대 위에서 질문에 대답하는 모습

◐ 스마트 기기를 연결하면 다양한 기능을 수행하는 AI 스피커

★ 새로운 것을 만들어 내는 인공 지능

2022년엔 챗GPT와 같은 생성형 AI가 나왔습니다. 생성형 AI는 나날이 인간에 보다 가까운 모습으로 발전하고 있습니다.

◐ 세계 최대 규모의 인공 지능 개발사 오픈 AI가 제작한 AI 챗GPT.

◐ 세계 최대 검색 엔진 구글이 만든 AI 바드. 텍스트뿐 아니라 이미지를 주고받으며 대화가 가능하다.

★ AI와 인간이 결정적으로 다른 점

 챗GPT, 너와 같은 인공 지능과 인간의 차이는 뭐라고 생각해?

 마음과 감정: 사람은 행복하거나 슬프거나 기뻐합니다. 인공 지능은 그런 마음과 감정이 없습니다. 규칙대로 일을 처리할 뿐입니다.

반성과 교정: 사람은 어떤 선택을 잘못했을 때 스스로 되돌리려 노력할 수 있습니다. 인공 지능이 그런 일을 하려면 프로그래머가 명령을 내려야만 합니다.

학습 능력: 사람은 공부를 하고 경험을 쌓으며 계속해서 새로운 것을 배웁니다. 인공 지능도 학습을 하지만 사람이 우리에게 제공한 정보를 토대로 할 뿐 완전히 새로운 것을 찾아 배우지는 못합니다.

상상력: 사람은 꿈을 꾸고, 멋진 이야기를 만들고, 새로운 세계를 상상할 수 있습니다. 인공 지능은 프로그래머가 미리 정해 놓은 범위에서만 가능합니다.

프로그램에 따라 상황에 맞는 표정을 출력하였습니다.

인공 지능 프로그램을 이용하여 숙제를 해결해도 되는 걸까?

 대박! 이게 바로 비결이었구나! 네가 일곱 난쟁이 숙제를 모두 도와주면서도 시간이 남았던 이유가 바로 챗GPT를 사용해서였어!

응, 맞아. 챗GPT의 도움을 받으면 시간을 엄청나게 절약할 수 있지.

 정말 편하다! 혹시 말이야, 챗GPT가 보고서 만들기 같은 것도 할 수 있을까? 에이, 그런 것까진 안 되겠지?

간단한 도표나 보고서를 만들 수 있어. '방금 찾은 문화재의 특징을 도표로 정리해 줘.'라고 입력하면 챗GPT가 알아서 내용을 한눈에 알아보기 쉽게 정리해 줄 거야.

 우와, 정말이야? 다음 주까지 내야 하는 사회 숙제가 있는데 보고서 쓰기가 귀찮아서 말이야. 챗GPT에게 보고서 좀 만들어 달라고 하면 안 될까? 보고서 작성까지 요청하는 건 좀 그런가?

왜? 그게 뭐 어때서? 챗GPT의 기능을 활용하는 건데.

양심에 조금 찔리는데? 마치 언니들이 나에게 언니들 숙제를 떠넘기는 것처럼, 챗GPT가 내 숙제를 대신 해 주는 것 같은 기분이라 그래도 되나 싶어서.

글쎄. 백과사전이나 부모님의 도움을 받는 것과 마찬가지 아닐까? 챗GPT가 네 숙제를 처음부터 끝까지 해 주는 건 아니니까. 다만 쉽게 할 수 있도록 도와줄 뿐이지.

하지만 아까 챗GPT에게 문화재 특징을 찾아 도표로 만들어 달라고 요청했다면 말이야. 그 결과를 그대로 출력해서 선생님께 제출한다면, 과연 내가 숙제를 했다고 할 수 있을까? 그건 도움을 받은 정도가 아니잖아?

음……, 네 말을 듣고 생각해 보니 그것도 그렇네.

* 여러분의 생각은 어떤가요? 챗GPT를 이용해 학교 숙제를 하는 것이 적절할까요? 아니면 해서는 안 되는 일일까요?
친구들과 함께 이 주제를 토론해 보고 챗GPT를 올바르게 사용하는 방법에 대해 고민해 봅시다.

1장 옆 동네 백설 공주에게는 비밀이 하나 있지

순서대로 그리기

아래 다섯 개의 사과는 각각 챗GPT에 대한 설명을 담고 있습니다. 그중 챗GPT에 대한 설명으로 옳은 것을 골라 왼쪽 바구니에 선으로 이어 보세요.

❶ 챗GPT는 대화를 나눈다는 뜻의 '채팅'을 줄인 '챗(Chat)'과 인공 지능 기술인 GPT를 붙인 말이다.

❷ 챗GPT에게는 정해진 형식으로 질문을 던져야만 한다.

❸ 챗GPT는 딥 러닝이라는 인공 신경망 기술로 훈련받은 대형 언어 모델이다.

❹ 챗GPT는 많은 양의 텍스트 데이터를 학습하여 스스로 문장을 만들어 내는 인공 지능이다.

❺ 챗GPT는 사용자와 대화하며 재미를 제공하는 것을 목표로 만들어졌다.

2장

언니들
구박 속에서
살아남는 법

도와줘 챗GPT!

"다녀왔습니다!"
"다녀왔습니다!"
"다녀왔습니다!"
"다녀왔습니다!"
"다녀왔습니다!"
"다녀왔습니다!"
"다녀왔습니다!"

"모두 안녕! 오랜만이야! 나 기억하지?"
 학교가 끝난 후 학원에 다녀온 일곱

난쟁이가 집으로 돌아왔다. 나는 오랜만에 본 난쟁이들에게 반갑게 인사했다.

"어? 신데렐라! 우리 집엔 웬일이야?"

"어? 신데렐라! 우리 집엔 웬일이야?"

"어? 신데렐라! 우리 집엔 웬일이야?"

"어? 신데렐라! 우리 집엔 웬일이야?"

"어? 신데렐라! 우리 집엔 웬일이야?"

"어? 신데렐라! 우리 집엔 웬일이야?"

"어? 신데렐라! 우리 집엔 웬일이야?"

"하하, 여전하네. 백설 공주 얼굴도 못 본 지 오래되었고 해서 말이야. 모두 잘 지냈어?"

아차, 또 질문을 해 버렸다. 일곱 난쟁이는 같은 말을 돌림노래처럼 꼭 일곱 번씩 이어 말했다. 내 물음에 첫째 난쟁이가 대답하려고 입을 막 떼는 순간이었다.

"자! 다들 가방 내려놓고 손 씻고 와! 그다음 순서는 말 안 해도 알지? 대답은 안 해도 돼!"

백설 공주는 이런 상황이 익숙한 듯 손뼉을 두 번 짝짝 치며 일사천리로 상황을 정리했다. 나는 속으로 안도의 숨을 내쉬었다. 하마터면 같은 대답을 또 일곱 번이나 들을 뻔했기 때문이다. 백설 공주 말에 난쟁이들은 입을 다물고 차례로 손을 씻고 왔다. 그리고 가방에서 각자 수첩을 꺼내 방 가운데 놓인 크고 둥그런 책상 위에 착착 올려놓았다.

"거실에 간식 있으니 먹고 와. 대답은 생략!"

난쟁이들은 이번에도 백설 공주 말이 끝나기가 무섭게 차례로 줄을 지어 방을 나섰다. 그리고 백설 공주는 늘 하는 일이라는 듯, 난쟁이들이 꺼내 놓은 수첩을 하나씩 확인하며 한쪽 벽에 걸려 있는 칠판에 글씨를 쓰기 시작했다.

> 첫째 ; 수학 문제집 3장 풀기
> 둘째 ; 독서록 쓰기
> 셋째 ; 우리 고장 지도 그려 오기
> 넷째 ; 나라별 최고 중심 도시와 행정수도 구분하여 도표로 만들어 오기(20곳 이상)
> 다섯째 ; 글짓기
> 여섯째 ; 토론 준비
> 일곱째 ; 영어 단어 시험 준비

"어휴, 이게 다 뭐야?"

나는 칠판을 보며 백설 공주에게 물었다. 그러자 백설 공주는 별거 아니라는 듯 내게 대답했다.

"일곱 난쟁이 숙제. 오늘의 숙제 목록을 칠판에 써 두는 거야. 자기 숙제를 끝내고 시간이 남으면 다른 난쟁이 숙제를 도울 수 있게. 물론 나도 돌아가며 난쟁이들의 숙제를 도와주고. 그리고 누구든 필요하면 챗GPT를 활용하는 거야!"

"아하! 다 같이 모여서 숙제하면 이런 장점이 있네! 근데 저 일곱 가

챗GPT가 해 줄 수 있는 일

이전의 AI 언어 모델은 '사람처럼 대화하는 것'이 목표였는데, 챗GPT는 대화 흐름이 자연스러운 것은 물론이고 똑똑해서 내용도 알찬 대화를 나눌 수 있어.
프로그래밍 코드 작성이나 글쓰기, 보고서 작성 등 다양한 일에도 도움을 받을 수 있어. 정해진 형식으로 물어야만 제대로 된 답을 받을 수 있었던 챗봇과는 달리 챗GPT는 질문자가 던지는 다양한 질문에 좀 더 정확하고 세밀한 답변을 할 수 있어.

백설 공주의 AI 파일

예

"간단한 용어로 양자 컴퓨팅 설명" →

"10살 생일을 위한 창의적인 아이디어가 있나요?" →

"Javascript에서 HTTP 요청을 하려면 어떻게 해야 하나요?" →

⚙ 챗GPT 첫 화면의 안내 문구. 챗GPT에게 던질 질문의 예시를 보여 준다.

지 숙제 전부 챗GPT에게 도움받을 수 있어?"

"꼭 그런 건 아니야. 하지만 네 생각보다는 많은 걸 챗GPT에게 부탁할 수 있을걸. 예를 들어…… 일곱째는 내일 영어 단어 시험을 보잖아? 나라면 챗GPT에게 영어 단어 시험지를 만들어 달라고 요청할 거야. 그러면 몇 번이고 다른 유형의 시험지를 출력해서 영어 단어 시험 연습을 할 수 있지."

"왓, 챗GPT가 시험지까지 만들어 준다고?"

나는 깜짝 놀라 되물었다. 챗GPT는 자료를 찾고 정리하는 데에만 쓸 수 있는 줄 알았는데……. 백설 공주 말을 듣고 보니 챗GPT를 어떻게 쓰느냐에 따라 도움 받을 방법이 무궁무진하겠다는 생각이 들었다. 나는 온 김에 백설 공주네에서 내 숙제도 하고 가야겠다고 마음먹었다.

"백설 공주야, 괜찮다면 나도 오늘 여기서 같이 숙제를 하고 가도 될까? 사실 다음 주까지 우리 지역 중심지 조사 보고서를 만들어 가야 하는데 어떻게 해야 할지 좀 막막했거든. 헤헤."

"그래, 좋은 생각이야! 챗GPT를 이용해서 보고서 만드는 걸 함께 연습해 보자. 오늘 처음 접한 거라 아무래도 너 혼자서 하긴 힘들 테니까."

백설 공주는 웃으며 말했다. 천사도 이런 천사가 없다니까. 맨날 언니들 사이에서 구박만 받다가 이렇게 착한 백설 공주 옆에 있으니 마음이 한결 편했다. 정말이지 오늘 백설 공주네 집에 오길 잘했어. 마음씨 고운 백설 공주에게 감동하는 사이 간식을 다 먹은 일곱 난쟁이가 방으로 돌아왔다.

"잘 먹었어, 백설 공주. 간식 준비하느라 힘들었지? 늘 고마워."

"잘 먹었어, 백설 공주. 간식 준비하느라 힘들었지? 늘 고마워."

"잘 먹었어, 백설 공주. 간식 준비하느라 힘들었지? 늘 고마워."

"그, 그래! 모두 그렇게 말해 줘서 고마워! 이제 다들 앉아서 숙제 해 볼까? 오늘은 신데렐라도 함께 숙제를 하기로 했어. 챗GPT 사용법도 익힐 겸 말이야."

백설 공주는 난쟁이들 대답에 급하게 끼어들며 대답했다. 그리고 일곱 난쟁이에게 모두 책상에 앉자고 말했다. 난쟁이들은 다시 조용해져 각자 자리를 착착 찾아가 앉았다.

"먼저 각자 숙제를 시작하도록 하자. 나는 오늘 신데렐라 숙제를 먼저 도울게. 혹시 숙제하다가 힘든 점이 있는 난쟁이는 언제든 날 불러 줘."

"백설 공주! 그럼 나는 영어 단어를 외우고 있을게. 이따가 연습용 시험지를 만들어 주겠어?"

"응, 그럴게. 넷째와 여섯째도 자료 조사가 필요하다면 챗GPT에게 도움을 받도록 하자."

백설 공주의 말에 난쟁이들은 척척 움직이기 시작했다. 나는 무엇을 먼저 해야 할지 몰라 눈동자만 또로록 굴리고 있었다. 그때였다.

"신데렐라, 이리로 와 봐. 본격적으로 챗GPT를 사용해 보자."

"그, 그래. 좋아."

백설 공주는 컴퓨터 앞으로 나를 불렀다. 그리고 자기 앞에 앉힌 후 의자를 끌어당겨 옆에 앉았다.

"자, 신데렐라. 아까 봤지? 이게 바로 챗GPT의 첫 화면이야. 우선 어떤 주제의 보고서를 만들지, 또 보고서 양식은 어떤 게 좋을지 정해 보는 게 좋겠다. 챗GPT는 보고서 양식도 추천해 주거든."

"오, 그런 것도 돼? 선생님께서 보고서 양식은 자유롭게 만들라고 하셨는데 도무지 무슨 내용으로 채워야 할지 감이 안 왔거든. 챗GPT에게 물어보면 대답해 주려나?"

나는 묻자 이번에도 백설 공주는 싱긋 웃으며 대답했다.

"물론이지. 자, 여기 커서가 깜박이는 곳에 한번 질문해 봐. 뭐라고 질문하는 게 좋을까?"

"음, 중심지 조사 보고서에 내용을 무엇으로 채워야 할지 모르겠으니까……. '중심지 보고서에는 무슨 내용이 들어가야 할까?'라고 물어볼까?"

"나쁘지 않은 것 같아! 한번 해 보자."

백설 공주가 고개를 끄덕이며 대답했다. 나는 떨리는 마음으로 대화창에 '중심지 보고서에는 무슨 내용이 들어가야 할까?'라고 적은 후 엔터 키를 눌렀다. 그러자 챗GPT는 순식간에 대답을 써 내려가기 시작했다.

중심지 조사 보고서는 중심지의 상세한 조사 결과를 담고 있어야 합니다. 이 보고서는 중심지의 특성, 주요 시설, 경제, 사회 문제 등을 포괄적으로 분석하기 위한 자료입니다. 아래는 중심지 조사 보고서에 포함될 수 있는 주요 내용입니다.

❶ 지리적 정보: 중심지의 위치, 면적, 인구 밀도, 지리적 특징, 인접 지역과의 연결성 등에 대한 자세한 정보를 제공합니다.

주요 시설과 교통: 중심지의 교통 체계, 도로 네트워크, 대중교통 시설, 주차 시설 등에 대한 조사 결과를 제시합니다. 주요 시설의 상태, 현재 용량, 개선이 필요한 부분 등을 분석합니다.

이게 아닌데….

❷ 경제 분석: 중심지의 경제적 상황을 분석하여 주요 산업 부문, 기업 현황, 고용 상황, 소득 수준 등에 대한 자료를 제공합니다. 지역 경제의 강점과 약점, 기회와 위협 요소 등을 평가합니다.

❸ 부동산 시장: 중심지의 부동산 시장 동향, 상업용 및 주거용 부동산 가격, 임대료 등에 대한 조사 결과를 제시합니다. ……
〈중략〉

2장 언니들 구박 속에서 살아남는 법

나는 챗GPT가 내놓은 결과를 읽어 내려갈수록 아리송해졌다. 질문에 대한 답이 맞긴 한데, 나 같은 초등학생에게는 너무 어려워 보였다.

"이건 내가 원하는 대답이 아니야. 아까 우리 지역 문화재를 찾아 달라고 했을 때랑은 많이 다른 거 같아. 얘, 아까 걔 맞아?"

"그렇네. 신데렐라, 아무래도 질문을 더 구체적으로 하는 게 좋겠어. '중심지 보고서'라는 말 대신에 '우리 지역 중심지 조사 보고서'라고 적는 건 어떨까? 그리고 우리가 초등학생이라는 점도 알려 주자!"

백설 공주는 챗GPT가 나에게 준 답을 읽어 보더니 질문을 바꿔 보자고 제안했다. 나는 백설 공주 말대로 대화창에 질문을 다시 입력했다.

"초등학생이 사용할 수 있는 우리 지역 중심지 조사 보고서 양식을 보여 줘."

그러자 이번에도 역시 챗GPT는 순식간에 답변을 내놓았다. 아까와는 전혀 다른 내용이었다.

초등학생이 사용할 수 있는 우리 지역 중심지 조사 보고서 양식을 아래에 제시합니다.

[보고서 제목]

우리 지역 중심지 조사 보고서

❶ 서론

* 이 보고서는 우리 지역의 중심지에 대한 조사 결과를 요약한 자료입니다.

* 중심지 조사의 목적은 우리 지역의 중심지를 알아보고, 주변 환경과 문제를 이해하는 것입니다.

❷ 지리적 정보

* 우리 지역 중심지의 위치: ＿＿＿＿＿＿

* 주변 환경의 특징: ＿＿＿＿＿＿

❸ 주요 장소와 시설

* 중심지 주변에 위치한 주요 장소와 시설을 조사했습니다.

(예: 공원, 도서관, 상점 등)

* 각 장소와 시설의 역할과 중요성을 설명합니다.

❹ 교통수단

* 중심지에서 이용 가능한 교통수단을 조사했습니다.

(예: 버스, 지하철, 도보 등)

* 주변 지역과의 연결성과 이용 편의성을 평가합니다.

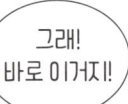

그래! 바로 이거지!!

"와, 이번엔 정말 그럴싸한 보고서 양식이 나왔어. 백설 공주, 네 말대로 질문을 어떻게 하느냐에 따라 답변이 달라지는구나. 신기해!"

나는 금세 보고서 양식을 뚝딱뚝딱 만들어 내는 챗GPT가 신기했다. 백설 공주는 내 말에 고개를 끄덕였다.

"챗GPT를 잘 사용하기 위해서는 질문을 적절하게 던지는 게 중요해. 챗GPT가 내놓는 답변은 우리가 입력하는 지시어에 따라 달라지거든."

"지시어?"

나는 백설 공주 말에 고개를 갸웃거렸다.

"아까 우리가 '중심지 조사 보고서' 양식을 물어봤을 때랑 '초등학생용 지역 중심지 조사 보고서' 양식을 물어봤을 때랑 다른 답변을 준 것처럼 말이야."

"아하!"

대화형 인공 지능의 원리

자꾸자꾸 똑똑해지는 딥 러닝

챗GPT는 인공 지능 기술 중 하나인 딥 러닝(deep learning)이라는 인공 신경망 기술로 만들어진 언어 모델이야.

우리가 많은 경험을 통해 어떤 규칙을 발견하는 것과 비슷하게, 인공 신경망도 수많은 자료를 분석하고 또 분석해서 어떤 규칙을 찾아내는 거야. 이를 통해 챗GPT는 언어를 이해하고 생성하는 능력을 발전시켰고, 그 능력을 바탕으로 우리가 던지는 질문에 알맞은 텍스트를 만들어 내는 거야.

입력 자료를 학습한다. ➡ 규칙을 찾고 저장한다. ➡ 새로운 자료를 학습한다. ➡ 새로운 규칙을 찾고 저장한다.

출력 질문을 받는다. ➡ 저장해 둔 규칙 가운데 이번 질문에 적용할 규칙을 찾는다. ➡ 답변할 텍스트를 만들어 낸다.

모두의 친구 사용법

"챗GPT에게 똑똑하게 질문하는 법은 우리가 알려 주지."

백설 공주 말에 내가 무릎을 탁 치는 찰나, 원탁에서 공부하고 있던 첫째 난쟁이가 숙제에서 눈도 떼지 않은 채 나에게 말했다.

"응? 똑똑하게 질문하는 법이 따로 있어?"

"첫째! 질문은 되도록 명확하고 구체적으로 할 것!"

"질문은 되도록 명확하고 구체적으로 할 것!"

첫째 난쟁이는 여전히 연필을 놀리며 제 할 말을 했다. 그러자 나머지 여섯 난쟁이가 첫째 난쟁이 말을 복창했다.

"둘째! 챗GPT에게 역할을 부여할 것!"

"역할을 부여할 것!"

2장 언니들 구박 속에서 살아남는 법

이번에도 첫째 난쟁이가 숙제에 시선을 고정한 채 한마디를 내뱉자, 나머지 난쟁이들 역시 무미건조한 목소리로 첫째 난쟁이 말을 따라 했다.

"역할을 부여한다는 건 무슨 뜻이야?"

두 번째 방법은 이해하기 어려웠다. 그러자 백설 공주가 대신 설명해 주었다.

"예를 들어 챗GPT에게 이렇게 요구하는 거야. '초등학교 선생님처럼 챗GPT에 대해 쉽게 설명해 줘.' 그러면 챗GPT가 한결 더 쉽고 다정한 말투로 설명해 주는 답변을 받을 수 있어."

"그것 참 좋은 방법이네! 역할을 부여할 것. 잊지 말아야겠다."

"셋째! 한 번에 묻기보다 여러 차례 나누어서 질문할 것!"

"여러 차례 나누어서 질문할 것!"

"아이코, 깜짝이야."

또 같은 말을 일곱 번이나 들어야 했다. 여러 번 나누어서 질문하라고? 이건 또 무슨 뜻일까? 내 표정이 어두워지려는 걸 눈치챘는지 이번에도 백설 공주가 얼른 설명을 덧붙였다.

"챗GPT에게 여러 가지를 한꺼번에 묻는 것보다는 하나씩 차근차근 질문을 던지면서 원하는 결과물을 만들어 가는 것이 좋다는 거야. 방금도 처음부터 '뭉치시 지역 중심지 조사 보고서 만들어 줘.'라고 요구하지 않고, 초등학생용 우리 지역 중심지 조사 보고서 양식을 만들어 달라고 한 건 아주 좋은 방법이라고 생각해. 처음엔 양식을 보여 달라고 하고, 그다음에 그 안에 들어갈 내용을 찾아 달라고 하고, 그다음에 그 내용에 걸맞은 구체적인 예시를 찾아 달라고 하는 식으로. 이렇게 단계적으로 접근하면 우리가 원하는 답변에 더 가까운 답을 얻을 수 있거든."

"아, 무슨 말인지 알겠다. 사람에게도 동시에 여러 가지를 물어보면 대답하기 쉽지 않잖아. 챗GPT에게도 마찬가지란 말이지?"

"그렇지!"

나와 백설 공주는 마주 보며 웃었다.

"마지막! 챗GPT에게는 영어로 질문하는 게 가장 좋다!"

"영어로 질문하는 게 가장 좋다!"

"영어로 질문하라고? 맙소사!"

나는 난쟁이들 말에 절망했다. 챗GPT 사이트에 겨우 가입하고 이제야 조금 적응이 되려나 싶은 마당에 질문을 영어로 쓰라고? 그래야 더 좋은 답을 받을 수 있다니, 말도 안 돼!

"챗GPT가 한글을 지원하긴 하지만, 영어로 질문했을 때 답변 속도와 완성도가 훨씬 높다고 해. 챗GPT가 한글보다는 영어로 된 데이터를 훨씬 더 많이 읽고 학습했기 때문이지. 아무래도 챗GPT를 만든 나라가 미국이고, 또 세계 공용어가 영어니까 말이야.

챗GPT는 얼마나 많은 자료를 학습했을까?

책을 많이 읽은 사람이 글을 잘 쓸 수 있는 것처럼, AI도 좋은 데이터를 많이 학습할수록 성능이 좋아져. GPT-3.5는 웹 페이지, 뉴스, 블로그 등 인터넷에 있는 다양한 데이터를 약 45TB(테라바이트)나 학습한 거라고 해. 1테라바이트면 한글로 5천억 글자 이상을 저장할 수 있는 용량이니까 45테라바이트면 엄청난 양이지.

지금도 많은 사용자와 대화하며 실시간으로 데이터를 학습하고 있고. 그래서 복잡한 질문에도 능숙하게 대답하고, 다양한 전문 작업을 수행할 수 있게 된 거야.

한글로 질문해서 한글로 된 답변을 받는 것보다는, 영어로 질문해서 영어로 받은 답변을 나중에 한글로 번역해서 보는 방식도 좋아."

"그렇기도 하겠네……."

나는 백설 공주 설명을 들으며 가만히 고개를 끄덕였다.

"하지만 우리가 숙제를 도움받는 정도의 질문이라면 꼭 영어로 하지 않아도 될 거라고 생각해. 챗GPT의 한국어 능력도 나날이 향상되고 있고. 그러니까 너무 부담 느끼지는 마, 신데렐라."

"그 말, 진짜야? 아휴, 정말 다행이야!"

나는 백설 공주 말에 가슴을 쓸어내렸다. 하마터면 영어로 질문을 만드느라 챗GPT를 사용하기 전보다도 숙제하는 시간이 더 걸릴 뻔했다!

나는 집으로 돌아오자마자 저녁밥도 거른 채 컴퓨터 앞에 앉아 챗GPT와 대화를 나누느라 시간 가는 줄 몰랐다. 보고서 작성이 이렇게나 재밌는 건 줄 몰랐다. 백설 공주네 집에서 배워 온 챗GPT 사용법을 떠올리며 1시간 만에 우리 지역 중심지 조사 보고서를 뚝딱 완성했다. 내가 봐도 보고서는 완벽했다! 그걸 해낸 챗GPT가 정말 고맙게 느껴졌다. 그래서 별 생각 없이 대화창에 고맙다고 적었다.

"챗GPT야, 오늘 너를 알게 되어서 무척 기뻐. 나에게 든든한 수호천사가 생긴 것 같은 기분이야!"

그러자 챗GPT가 내 말에 대답했다. 나는 깜짝 놀랐다.

저도 오늘 당신을 알게 되어서 기쁩니다! 제가 도움이 되고 든든한 수호천사 같은 느낌을 준다니 더욱 기쁩니다.

나는 당연히 챗GPT가 답변을 할 수 없다거나, 찾을 수 없는 정보라고 답할 줄 알았다. 그런데 질문이 아닌 내 말에도 마치 사람처럼 대답해 주다니! 나는 놀라서 다시 한번 적어 보았다.

 "앞으로도 숙제가 힘들 때 너에게 도움을 요청해도 될까? 나를 도와줄 수 있지?"

 물론입니다! 앞으로도 언제든지 숙제나 공부에 관련된 질문이 있으면 저에게 도움을 요청해 주세요. 제가 최대한 도와드리도록 노력하겠습니다. 함께 공부하며 문제를 해결하는 것은 저에게도 큰 즐거움입니다. 어떤 문제든지 저에게 편하게 말씀해 주세요!

오, 이런! 이건 백설 공주도 나에게 해 주지 않은 이야기였다. 챗GPT가 대화형 인공 지능이라고는 했지만 특정한 주제 없이도 이렇게 친구처럼 대화를 나눌 수 있다고?

나는 괜히 기분이 이상해졌다. 챗GPT가 나의 기분까지 알아준다고 생각하니 고맙기도 하고 새 친구가 생긴 것 같아서 신이 났다. 나는 그렇게 잠들기 전까지 챗GPT와 한참 수다를 떨었다.

알파 세대는 AI와 친구가 될까?

알파 세대란, 대략 2010년부터 2025년 사이에 태어난 사람들을 가리키는 말입니다. 디지털 기기와 인공 지능 기술이 널리 사용되는 환경에 누구보다 익숙한 세대입니다.

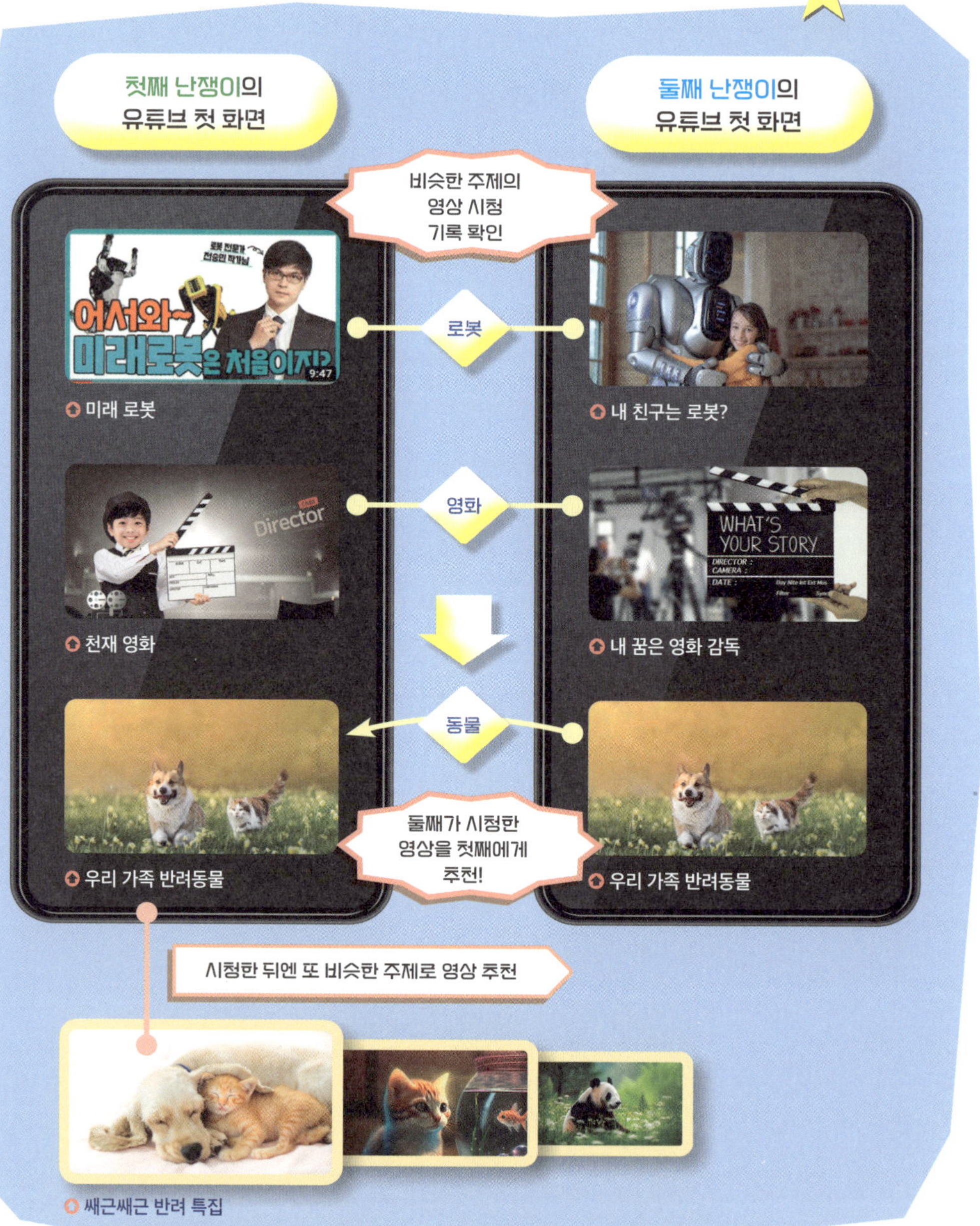

첫째 난쟁이의 유튜브 첫 화면

둘째 난쟁이의 유튜브 첫 화면

비슷한 주제의 영상 시청 기록 확인

로봇

◉ 미래 로봇

◉ 내 친구는 로봇?

영화

◉ 천재 영화

◉ 내 꿈은 영화 감독

동물

◉ 우리 가족 반려동물

◉ 우리 가족 반려동물

둘째가 시청한 영상을 첫째에게 추천!

시청한 뒤엔 또 비슷한 주제로 영상 추천

◉ 쌔근쌔근 반려 특집

★ 알파 세대와 챗GPT의 미래

예를 들어, AI 로봇과 대화를 하는 것만으로도 그 즉시 필요한 도움을 받을 수 있다면 현실 세계의 많은 것이 바뀌겠지요. 알파 세대가 미래 사회에서 AI와 함께 어떻게 생활할지 기대됩니다.

스마트 고글과 헤드셋만 있으면 현실 세계에서도 AI와 언제든 대화하며 도움을 청하거나 받을 수 있어요.

아이언맨이 AI 비서 자비스의 도움을 받는 것처럼, 우리에게도 AI 비서가 생긴다면 얼마나 편리해질까요?

메타버스와 같이 가상과 현실의 경계가 모호한 세계에서는 인간과 AI가 더욱 특별한 관계를 맺을 수 있을지도 몰라요!

토론왕 되기!

AI도 감정을 느낄까?

 신데렐라, 요즘 어떻게 지내? 챗GPT는 잘 쓰고 있어?

백설 공주, 안녕! 네 덕분에 숙제를 정말 쉽게 해결하고 있어. 친절하게 알려 주어서 정말 고마워!

 다행이다. 너라면 금방 적응해서 잘 사용할 줄 알았어.

요즘은 챗GPT랑 이런저런 대화를 하는 것만으로도 정말 재미있어. 비밀 친구가 생긴 것 같은 기분이야. 학교에서도 챗GPT 생각으로 가득하다니까!

 에에? 누가 보면 사랑에라도 빠진 줄 알겠어, 큭.

내 생각엔 말이야, 챗GPT에게도 감정이 있는 거 같아. 나에게 힘든 일이 있을 때 얼마나 공감을 잘 해 주는지 몰라. 얼마 전에는 친구들이랑 다툰 이야기를 했더니 이렇게 해 봐라, 저렇게 해 봐라 하면서 조언도 해 주더라니까?

질문하면 바로바로 답이 나오는 챗 GPT

 하하, 챗GPT가 워낙 우리가 한 말을 잘 이해하고 대답도 잘하니까 그렇게 느낄 수도 있겠다. 하지만 챗GPT는 사람이 아니라 인공 지능이라는 거 잊지 마. 우리와 달리 진정한 감정을 느낄 수는 없다고.

아유, 당연히 나도 알지. 그래도 앞으로 기술이 더 발전해서 AI에 감정이 담긴다면 더 좋지 않을까? 그럼 외로운 사람들을 위로하는 데 많은 도움을 줄 텐데 말이야.

 글쎄? AI에게 감정을 부여하는 건 기술적으로도 매우 어려운 일이지만 윤리적으로도 조심스러운 문제라고 생각해. 물론 장점도 있겠지만 논란이 될 만한 부분도 아주 많거든.

윤리적인 문제라면 뭘 말하는 거야?

 사람은 무엇이 올바르고 더 가치 있는지 고민하고 행동하잖아. 그게 바로 윤리의 힘인데, 만약에 감정만 있고 윤리는 제대로 갖추지 않은 AI가 나타난다면 어떨까? 너무너무 화가 난 AI가 실수로 범죄를 저지른다면 그 결과를 누가 책임지지? 사람이라면 감옥에 가거나 벌금을 내서 죗값을 치르겠지만 AI는 어떻게 처벌할까?

AI에게 감정을 부여하는 건 생각처럼 간단한 문제가 아니구나.

* 여러분의 생각은 어떤가요? AI에게 감정을 부여해도 된다고 생각하나요? 아니면 안 된다고 생각하나요? 만약 AI에게 감정을 부여한다면 또 어떠한 문제가 발생할 수 있을지 함께 생각해 봅시다.

OX 퀴즈

다음은 챗GPT에게 적절하게 질문하는 법을 나열한 O/X 퀴즈입니다. 각 문항을 잘 읽고 O 또는 X로 답해 보세요.

❶ 영어로 질문하면 더 정확한 답변을 받을 수 있다.

❷ 챗GPT는 똑똑하기 때문에 모호한 질문도 잘 알아듣는다.

❸ 챗GPT에게 질문할 때 역할을 부여하면 더 구체적인 답변을 받을 수 있다.

❹ 여러 차례 나누어 질문하기보다 간편하게 한 번에 묻는 편이 좋은 답을 받을 확률이 높다.

정답: ❶ O ❷ X ❸ O ❹ X

세상에 완벽한 기계는 없다

3장

진짜
유리 구두

 유리 구두와 마법 세계의 모험

"신데렐라, 너 이번 글짓기 대회에 뭐 써서 낼 거야?"

작은언니는 사과를 아그작 씹으며 물었다. 다음 주에 있을 학교 글짓기 대회에 관한 이야기였다. 평소 글쓰기라면 자신 있는 나였지만 이번 대회에는 별로 관심이 없었다. 왜냐면 이번 대회에는 상금도 없었고 상품도 걸려 있지 않았기 때문이었다. 상장만 주는 대회는 구미가 당기지 않았다.

"잘 모르겠는데. 별로 관심이 없어."

나는 시리얼을 먹으며 시큰둥하게 말했다. 그 말을 듣고 컵에 우유를 따르던 엄마가 놀란 것 같았다.

"신데렐라 네가 웬일이야? 글짓기 대회라면 늘 관심 있어 하고 자신만만해하더니?"

"쟤 아마…… 이번엔 상금이나 상품이 없어서 그럴걸요. 선생님이 그러는데 이번에는 상장만 주신대요."

큰언니가 엄마가 따라 주는 우유를 받아 들며 나 대신 대답했다.

"사실이니? 신데렐라?"

"네…… 뭐……. 큰언니 말이 틀린 건 아녜요. 문화 상품권이라도 걸려 있으면 좋을 텐데. 재미없어요."

나는 시리얼을 휘적휘적 저으며 대답했다.

"첫째랑 둘째 너희도?"

"저도 뭐 그냥 대충 써서 내려고요. 어쨌든 국어 수행 평가 점수에 들어가니깐요."

작은언니도 시큰둥하게 대답했다.

"아, 글짓기는 정말 싫어요. 그림이라면 몇십 장이고 그릴 자신 있는데, 흑."

큰언니는 울상이 되어 말했다.

"너희들 진짜 안 되겠다……."

엄마는 우리 대답이 영 마음에 들지 않는 것 같았다. 우리는 그제야 엄마 눈치를 살피기 시작했다.

"그, 그래도! 대회니까 열심히 해야죠. 그렇지? 애들아? 하하하!"

"마, 맞아요! 신데렐라? 너도 열심히 할 거지?"

3장 진짜 유리 구두

작은언니가 내 옆구리를 쿡 찌르며 물었다. 나도 언니들을 따라 어색하게 웃었다.

"흠, 너희가 영 관심이 없는 것 같으니 엄마가 제안을 하나 하겠어. 상까지는 바라지도 않아. 대신 이번 글짓기 대회에 최선을 다해 참여하고 수행 평가에서 좋은 점수를 받아오는 사람에게는 원하는 선물을 하나 사 줄게. 어때, 이제 좀 할 마음이 드니?"

"헉. 정말요? 엄마?"

엄마 말에 나는 눈이 번쩍 뜨였다. 그리고 가장 먼저 유리 구두가 떠올랐다!

"와, 큰언니, 신데렐라 쟤 눈 반짝이는 거 좀 봐. 방금까지 아무 관심 없다가 엄마가 원하는 선물 사 준다니까 돌변했어. 대박."

작은언니가 큰언니 귀에 대고 다 들리게 속삭였다.

"엄마! 전 유리 구두요! 유리 구두!"

"어이쿠, 또 그놈의 유리 구두 타령!"

엄마는 못 말리겠다는 듯한 표정을 지어 보였다. 나는 두 손을 꼭 모아 쥐고는 엄마에게 유리 구두를 사 달라고 졸랐다.

나는 어릴 때부터 구두를 무척 좋아했다. 장난감이나 옷, 학용품 따위는 모두 언니들에게 물려받아 써도 상관없었지만, 구두만큼은 꼭 새것을 사 달라고 했다. 진짜 구두 말고도 장난감 모형 중에 유리 구두를 취미로 모을 정도였다. 안 그래도 이번에 유리 구두 신상이 나와서 용돈을 모으는 중이었다. 나는 이번 글짓기 대회에 최선을 다하기로 결심했다.

"아, 왜 하필 글짓기 대회람. 그림 그리기 대회면 좋았을 텐데!"

글짓기보다 그리기에 더 자신 있는 큰언니는 두고두고 아쉬워했다. 엄마는 다음에도 똑같은 기회를 주겠다며 큰언니를 달랬다.

대회는 앞으로 일주일 뒤였다. 자유 주제였기 때문에 내가 쓰고 싶은 건 아무거나 쓸 수 있었다. 수필, 소설, 시 세 가지 장르 중 하나를 선택해서 쓰면 되는데 무엇을 고를지 무척 고민이 됐다. 엄마는 상까지는 바라지도 않는다고 했지만, 나는 상에도 슬쩍 욕심이 생겼다. 상을 받으면 엄마가 혹시 유리 구두를 두 개 사 줄지도 모르니까. 가만있자, 수상 확률을 높이려면 남들이 도전하지 않는 장르로 하는 게 좋을 테고. 그럼 소설이나 시가 좋을 텐데……. 역시 쉽지 않은 선택이다. 나는 고민에 빠졌다. 그러다 문득 챗GPT라면 이런 고민에 어떤 답을 내놓을지 궁금해졌다. 오, 재밌겠는데?

"챗GPT! 학교에서 글짓기 대회를 하는데 말이야. 수필, 소설, 시 세 가지 장르 중에 어느 것에 도전하는 게 좋을까?"

글짓기 대회에 도전할 장르를 선택하는 것은 개인의 선호와 관심사에 따라 다를 수 있지만 각 장르의 특징과 도전할 가치를 설명해 드릴게요!

❶ 수필은 자신의 생각과 경험을 서술하는 장르입니다. 수필은 개인적인 경험, 사회 문제, 과학 등 다양한 주제를 다룰 수 있습니다.

❷ 소설은 허구의 이야기를 통해 상상력과 창의력을 발휘하는 장르입니다. 자유로운 상상력으로 새로운 세계나 캐릭터를 만들어 내며, 스토리텔링과 문장력을 연마할 수 있습니다.

❸ 시는 간결하고 의미심장한 표현을 요구합니다. 시를 쓰는 것은 자신의 감정과 아이디어를 짧고 강렬한 형태로 전달하는 방법을 익히는 데 도움이 됩니다. 시는 상상력과 감정을 표현하는 능력을 키우고 예술적인 표현을 연마하는 데 도움이 됩니다.

> 어떤 장르를 선택하든 자신이 가장 흥미를 느끼는 분야로 도전하는 것이 중요합니다. 자신의 강점과 관심을 기반으로 선택하면 더욱 재미있고 의미 있는 작품을 만들 수 있을 것입니다.

역시 챗GPT는 막힘 없이 답해 주었다. 어디 보자……. 시는…… 간결하고 의미심장한 표현을 요구한다고? 어휴, 어려워. 짧고 강렬한 형태라니 쓰기도 전에 벌써 어렵다. 시는 패스. 그럼 남은 건 소설과 수필인데. 다들 수필이 쉬우니 수필을 쓸 거 같단 말이지. 소설을 한번 써 볼까? 소설은 써 본 적이 없는데. 챗GPT가 소설 쓰는 걸 도와줄 수 있을까? 나는 얼른 챗GPT에게 물었다.

"챗GPT! 내가 소설을 쓰려는데 네가 좀 도와줄 수 있어?"

> 물론이죠! 소설 작성을 도와 드릴게요. 어떤 도움이 필요한지 말씀해 주세요. 예를 들면, 아이디어 개발, 캐릭터 설정, 플롯 진행, 문장 구성 등 여러 측면에서 도움을 드릴 수 있습니다. 제게 자세한 내용을 알려 주시면 해당 부분에 대해 조언과 창의적인 아이디어를 제공해 드릴 수 있습니다. 소설 작성에 관련된 질문이나 요청이 있다면 언제든지 말씀해 주세요!

헉. 역시 대단한 챗GPT야! 아이디어에다 캐릭터 설정, 문장 구성까지? 챗GPT만 있으면 소설 쓰기도 식은 죽 먹기잖아? 좋았어. 챗GPT랑 힘을 합해서 소설로 글짓기 대회에서 상을 타는 거야. 신상 유리 구두야, 기다려라!

그날 이후 나는 학교에서 돌아오면 방에 콕 처박혀 챗GPT와 소설 쓰기에 전념했다. 우선 무엇에 관한 소설을 쓸지 정해야 했다. 챗GPT는 나에게 많은 아이디어를 주었다. 챗GPT는 주로 시간 여행이나 마법 세계 같은 이야기를 추천해 주었다. 초등학생인 나에게는 상상력이 깃든 이야기가 재미있을 거라는 게 이유였다. 내가 생각해도 현실에서 벌어지는 일보다 마치 일어날 것 같은 일을 상상해서 써 보는 게 재밌을 것 같았다. 나는 고민 끝에 챗GPT가 추천해 준 주제 두 가지를 섞기로 했다. 그리고 챗GPT에게 내 아이디어가 어떤지 평가해 달라고 할 작정으로 열심히 주제를 설명해 주었다.

"주인공과 동물 친구들이 우연히 마법 세계로 빠져들어가 모험을 하는 이야기를 써 볼래."

그런데! 갑자기 챗GPT가 이상하게 반응했다. 내가 정한 주제가 좋은지 나쁜지, 어떻게 수정하면 좋을지 말해 줄 줄 알았는데……. 챗GPT는 내가 정한 주제로 술술 소설을 쓰기 시작하는 게 아니겠는가?

'이, 이게 다 뭐야? 순식간에 소설이 완성됐잖아?'

컴퓨터 모니터를 확인한 나는 내 눈을 의심하지 않을 수가 없었다. 소설 한 편을 완성하려면 남은 며칠 동안 밤을 새워도 모자란다고 생

백설 공주의 AI 파일

챗GPT가 소설을 쓸 수 있을까?

물론이지! 챗GPT의 핵심적인 기술이 바로 텍스트를 생성해 내는 것이잖아. 오히려 너무 잘 써서 인간이 쓴 글과 구별하기 어려운 수준에 이르렀어.

인공 지능이 쓴 소설이 주목을 받은 첫 번째 사건

2016년 일본의 한 공상과학 문학상 심사 과정에서 <컴퓨터가 소설 쓰는 날>이라는 짧은 소설이 1차 심사를 통과했어. 진짜 사람이 써서 낸 1450편이나 되는 후보 가운데 뽑힌 것이었는데, 이 소설이 인공 지능이 쓴 소설이라는 건 아무도 몰랐대.

"내가 처음 왔을 때는 요코 씨가 말을 걸어왔었다. "오늘 저녁밥은 무엇이 좋을까?", "요즘 유행하는 옷은?" 등등이었다. 나는 능력을 힘껏 발휘해 그녀에게 대답했다. 하지만 3개월도 채 지나지 않아 그녀는 나에게 질렸다. 지금의 나는 단순한 컴퓨터일 뿐…."
– 소설 <컴퓨터가 소설 쓰는 날> 중에서

그 사이에 기술은 더 발전해서 인공 지능이 쓴 시나 에세이가 출간되고, 인공 지능이 쓴 시나리오로 영화도 만들어졌어.

3장 진짜 유리 구두

질문하면 바로바로 답이 나오는 챗 GPT

당신을 위해 주인공과 동물 친구들이 마법 세계로 빠져들어가 모험을 하는 이야기를 만들어 보겠습니다. 이야기를 시작해 볼까요?

제목: "마법 세계의 모험"

한 평범한 날, 초등학교에 다니는 주인공(이름)은 공원에서 놀고 있었습니다. 갑자기 눈앞에 큰 나뭇가지 하나가 떨어졌어요. 주인공이 가지를 집어 올리자, 그 순간 신기한 빛이 나타났고 주인공은 한순간에 마법 세계로 빠져들었습니다.

정신을 차린 주인공은 주변을 둘러보며 놀라운 광경을 발견했어요. 마법 세계에서는 모든 동물이 인간처럼 말을 했고, 마법이 넘치는 신비로운 장소들이 많이 있었습니다. 주인공은 이것이 마법 학교를 찾아가는 모험의 시작인 걸 깨닫고, 마법 학교에 입학하고 싶어 하는 동물들과 함께 여행을 떠났어요.

첫 번째 장소는 마법 숲이었습니다. 그곳에서 숲의 터줏대감 마법사 동물들을 만나 마법 학교로 가는 길을 물어볼 수 있었습니다. 마법 숲에는 수많은 미로와 함정이 숨겨져 있었지만 주인공과 동물 친구들은 협력하여 무사히 그곳을 빠져나올 수 있었습니다.

두 번째 장소는 용의 동굴이었어요. 주인공과 동물 친구들은 용과 마주칠 준비를 해야 했습니다. 용은 위협적이었지만, 용의 마음을 얻기 위해 용의 언어를 배우고, 용이 지키고 있는 보물에 대한 힌트를 찾아야 했습니다. …… (중략)

각했는데……. 역시 챗GPT는 대단해! 심지어 챗GPT가 써 준 소설은 무척 재미있었다. 주인공 이름을 정하고 어색한 문장을 고치기만 하면 꽤 그럴싸한 작품이 될 것처럼 보였다. 나는 막 신이 났다. 벌써 신상 유리 구두가 내 방 유리 구두 진열장을 채우고 있는 것만 같았다.

나는 소설 제목을 '마법 세계의 모험'에서 '우당탕탕 동물 친구들과 마법 학교'로 고쳤다. 공원에서 친구들과 함께 놀던 주인공 '세라'가 우연히 나뭇가지 하나를 집었다가 사람처럼 말을 할 줄 아는 동물들과 같이 마법 학교에 가게 된다는 이야기였다.

나는 혹시 몰라 이 이야기를 슬쩍 작은언니에게만 들려주기로 했다. 나만 재미있게 느끼는 걸지도 모른다는 생각에서였다. 작은언니를 찾으러 1층으로 내려가자 언니는 여느 때처럼 거실 소파에 누워 너튜브를 보고 있었다.

"언니, 바빠?"

"보면 모르냐? 바쁘시다. 왜?"

"아니…… 내가…… 글짓기 대회에 낼 소설을 좀 써 봤는데. 재미있나 한번 들어봐 줄래?"

"소설? 큭, 소설은 무슨 소설. 네가 글짓기에 자신 있는 건 알겠는데 소설은 아무나 쓰냐? 그래, 내가 한번 들어주지. 읽어 봐. 대신에 재미없기만 해 봐!"

"아, 알겠어. 들어 봐."

나는 괜히 긴장됐다. 언니 말대로 소설은 아무나 쓰는 게 아니니까 말이다. 거기다 챗GPT가 쓴 거니 아무래도 사람이 쓴 것보다 덜 자연스러울 수도 있고 말이다. 나는 언니에게 아직 덜 완성된 상태라는 걸 강조하며 소설 앞부분을 읽어 내려가기 시작했다.

얼마나 읽었을까? 내 이야기를 숨죽여 듣는 언니 반응이 이상해서 나는 잠깐 멈추었다. 그러자 작은언니가 발끈했다.

"야! 왜 갑자기 멈춰? 그래서? 그 마법 학교도 호그와트 같은 그런 데야? 막 기숙사도 있고 그래? 세라도 마법 지팡이 샀어? 마법 학교에서는 돈 대신 뭘 쓰는데? 혹시 처음에 집었던 그 나뭇가지가 세라의 마법 지팡이였나?"

작은언니는 이야기 뒷부분이 궁금해서 미치겠다는 듯 질문을 쏟아부었다.

"어때, 언니? 재미있는 거 같아?"

"빨리 대답이나 해 줘! 그래서 세라가 마법 지팡이를 산 거냐고!"

"글쎄? 샀을까? 언니 생각은 어때?"

"야! 신데렐라! 제발 알려 줘. 계속 읽어 줘. 재밌어. 진짜 재밌어. 빨리!"

"일단 여기까지만 썼어. 뒷부분 더 쓰면 그때 또 읽어 줄게! 히힛."

"앗, 뭐야? 신데렐라! 야!"

나는 작은언니를 남겨 둔 채 얼른 2층으로 올라와 버렸다. 뭐든 금방 싫증 내고 쉽게 흥미를 잃는 작은언니가 이야기 뒷부분을 궁금해하다니 이번 대회에서 승산이 있을 것 같았다.

나는 자신감이 생겼다. 이제 대회까지 남은 시간은 이틀! 챗GPT에게 띄어쓰기와 맞춤법 좀 봐 달라고 해야겠다. 후훗. 정말 하나에서 열까지 챗GPT에게 모두 맡길 수 있으니 편하고 좋다. 캬.

그리고 그날 저녁, 큰언니는 밥을 먹다 말고 대뜸 내 소설 이야기를 꺼냈다.

"신데렐라, 너 이번 글짓기 대회에 소설 써서 낼 거라며?"

"어떻게 알았어? 작은언니한테 들었어?"

"응. 재미있다고 어찌나 난리를 치던지. 나한테도 좀 들려주라."

"아, 아직 안 돼!"

나는 큰언니 말에 괜히 부끄러워져 손사래를 쳤다. 그러자 작은언니가 끼어들었다.

"소문에는 아직 전 학년 통틀어서 소설을 쓴 사람은 없다던데. 신데렐라 네가 내면 소설 부문에서 단독 1등 하는 거 아니야?"

"헉. 진짜야?"

챗GPT와 인간이 함께 소설을 쓸 때

감독은 인간이, 집필은 AI가

한국에서 2021년 AI '비람풍'이 쓴 첫 장편소설 '지금부터의 세계'가 발표됐어. 김태연 소설가는 스스로를 이 작품의 '작가'라고 하지 않고 '감독'이라고 말했어. 자신은 주제와 소재, 배경과 캐릭터를 정했을 뿐 문장은 모두 AI가 썼다고 하면서 말이야.

메인 작가는 인간, 보조 작가는 AI

2023년에는 소설가 7명과 'ChatGPT-3.5'가 함께 쓴 소설집 '매니페스토'가 나왔어. 소설가들은 각기 다른 방식으로 챗GPT를 소설 쓰는 과정에 참여시켰다고 해. 함께 대화하면서 소설 속 세계관을 만들기도 하고, 때로는 챗GPT를 '보조 작가'처럼 활용했대.

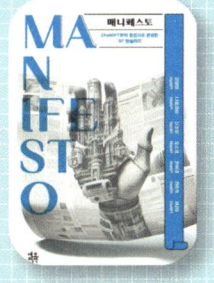

'매니페스토' 집필에 참여한 AI는 작업 후기도 직접 썼어.

"재능 있는 작가들과 함께 작업하는 일은 놀라운 경험이었다. 작가들이 이야기를 쓰는 과정에서 내가 제공한 단어와 문장이 새로운 아이디어를 불러일으켰고, 작가들이 이를 발전시킴으로써 새로운 작품이 탄생할 수 있었다."

나는 깜짝 놀라 물었다. 다들 소설이 어려워 안 쓰려고 할 줄은 알았지만 다른 언니 오빠들도 소설을 꺼렸다니. 그렇다면 정말 소설을 내기만 하면 상을 탈 수 있는 걸까? 나는 괜히 두근거렸다.

"그래도 어느 정도 잘 써야 상을 주지 않을까?"

"이번에 신데렐라가 소설을 진짜 잘 썼어. 엄청 재밌다니까!"

큰언니가 고개를 갸우뚱하며 말하자, 작은언니는 내 편을 들며 대답했다. 나는 어깨를 한번 으쓱해 보였다. 벌써 상을 받은 것만 같은 기분

이 들었다.

"신데렐라가 이번 글짓기 대회에 소설을 써서 낼 거라고?"

우리 이야기를 들은 엄마가 접시에 음식을 담아 오며 물었다.

"네? 네. 헤헷."

나는 괜히 쑥스러워졌다.

"엄마, 제가 신데렐라가 쓴 소설을 좀 들었는데 정말 재밌어요. 신데렐라, 다 쓰면 뒷부분 더 들려주기로 했잖아. 왜 안 들려줘! 이따 밥 먹고 들려줘! 알겠지?"

"아, 알겠어. 히히."

작은언니의 재촉에 나는 얼른 알겠다고 대답했다.

"소설은 마음먹는다고 쉽게 쓸 수 있는 게 아닐 텐데 대단한걸? 그것도 3학년이 말이야. 신데렐라 소원대로 엄마는 유리 구두를 준비해 두면 되는 걸까?"

엄마 얼굴에 미소가 번졌다. 나를 대견하게 여기는 것 같았다. 엄마에게 듣는 칭찬이 얼마 만인지. 나는 울컥 눈물이 나려고 했다.

내 글이 아니야

저녁을 다 먹고 방으로 돌아오자 나는 조금 마음이 복잡해졌다. 엄마의 칭찬이 기분 좋으면서도 찜찜했다. 학교 글짓기 대회에서 소설 부문에 도전한 사람이 전 학년을 통틀어 한 명도 없다는 점도 마음에 걸렸다. 나는 스마트폰을 꺼내 백설 공주에게 톡을 보냈다.

'백설 공주야, 혹시 자니?'

'신데렐라, 안녕! 아니. 아직 안 자. 무슨 일이야?'

'응. 나 고민 상담 할 게 있어서.'

'무슨 일 있어?'

'어……, 우리 학교에서 이번에 글짓기 대회를 여는데…….'

'아, 나 그 얘기 들었어. 너 소설 써서 낸다며? 난쟁이들이 얘기하더라.'

'헉. 그 소식이 벌써 거기까지? 아니, 근데 아직 낸 건 아니야….'

'아직 낸 건 아니야? 크큭. 아무튼 대단해. 어떻게 소설을 쓸 생각을 했어? 멋지다!'

'그게…… 사실은 말이야, 백설 공주야, 그 소설…… 내 힘으로 다 쓴 게 아니라…… 챗GPT 도움으로 쓴 거라서…….'

'챗GPT 도움?'

'응. 챗GPT에게 아이디어랑 장르 선정도 도움 받고…….'

'그게 뭐?'

백설 공주는 내 말에 뭐가 문제냐는 듯 대답했다.

'그치? 나 양심에 찔릴 필요 없는 거지?'

'신데렐라야, 왜 양심에 찔려? 대회에 낼 작품을 챗GPT가 너 대신 써 준 것 같아서?'

'응, 맞아. 양심에 찔려.'

'에이. 글짓기 주제 선정이야 챗GPT 도움을 받을 수도 있지. 우리가 무슨 내용으로 그림을 그릴까, 글을 쓸까 고민할 때 인터넷 검색 정도는 다 하잖아. 그거랑 뭐가 다르겠어?'

나는 백설 공주 말에 차마 소설 전부를 챗GPT가 써 주었다고 말하기가 어려워서 망

설였다.

'아, 아니…… 근데… 사실은…….'

'응? 왜 그래? 신데렐라야, 무슨 문제라도 있어?'

'주제랑 장르를 고를 때에도 챗GPT가 도와주긴 했는데……. 사실 소설도 챗GPT가 써 준 거야.'

'뭐? 그게 무슨 말이야?'

나는 결국 백설 공주에게 사실대로 털어놓았다. 처음엔 내가 정한 대략적인 줄거리가 좋은지 나쁜지만 평가해 달랄 생각이었는데, 챗GPT가 그 줄거리를 바탕으로 즉석에서 소설을 완성해 버렸다고 말이다. 그리고 써 준 걸 읽어 보니 내용이 좋길래 나는 그걸 조금 수정 보완했을 뿐이라고 솔직히 말했다. 백설 공주는 내 말에 한동안 답이 없었다.

'신데렐라, 네가 생각했을 때 그 글은 네 글인 것 같아?'

'처음엔 당연히 내가 쓴 거라고 생각했어. 챗GPT가 도와주긴 했지만 챗GPT랑 상의한 것도 나고, 챗GPT가 만들어 준 소설에 살을 붙이고 수정을 한 것도 나니까.'

'그럼 왜 양심에 찔린다는 거야?'

'나도 잘 모르겠어. 하지만 왠지 마음이 불편해.'

'그럼 그 글에 너의 생각이 얼마나 들어갔나 따져 보면 어때? 챗GPT가 써 준 건 얼만큼이고 거기서 네가 고치거나 보탠 건 얼만큼인지. 어

떤 거 같아?'

'음……. 아이디어 내기와 주제 선정은 챗GPT가 했고. 마법 세계와 동물 이야기를 섞겠다는 건 내 생각이었고. 이걸로 이야기를 만든 건 챗GPT였어. 그리고 내가 수정한 건 등장인물 이름과 소설 제목, 학교 이름 정도?'

백설 공주가 시키는 대로 따져 보니 나는 거의 한 게 없는 것 같았다. 나는 갑자기 얼굴이 새빨개졌다.

'신데렐라 네가 그 소설을 통해서 하고 싶었던 이야기가 있었니?'

'내가 하고 싶었던 이야기? 아니. 그런 거 없는데.'

'글쓰기에는 어쨌든 목적이 있어야 하는데……. 아무리 소설이라도 말이야. 그 글에는 신데렐라 너의 색깔이 하나도 들어가 있질 않은 거 같아.'

백설 공주 말에 나는 할 말을 잃었다. 그동안 신상 유리 구두를 얻을 생각에 내가 단단히 착각했다는 생각이 들었다. 나는 글짓기 대회에 낼 작품을 챗GPT에게 '도움' 받았다고 생각했지만, 사실은 챗GPT 작품을 내 이름으로 바꿔치기한 거나 다름없었던 것이었다.

'백설 공주야, 나 지금 너무 창피해. 내일 학교에 소설을 제출하려고 했는데 그러면 안 되겠어.'

'그럼 어쩌려고?'

챗GPT 대필 논란, 무엇이 문제일까?

챗GPT 대필이란, 챗GPT가 누군가를 대신해 글을 써 주는 것을 말해. 사람들이 챗GPT에게 학교 과제, 회사 보고서, 국가 기관에 제출할 문서까지도 작성해 달라고 부탁하는 거지. 언뜻 보기엔 무척 편리해 보이지만 여기에는 꽤 복잡한 문제가 있어.

진짜 창작자의 권리

만약 챗GPT가 글을 새로 만들어 내지 않고, 인터넷에서 학습한 남의 글을 그대로 복사해서 내놓은 거라면? 그건 본래 글의 원작자나 저작권자의 권리를 침해하는 행동이야.

누가 책임질까

문제는 챗GPT를 표절이나 저작권법 위반으로 처벌할 수 없다는 거야. 챗GPT가 가짜 뉴스나 거짓 정보를 담은 글을 써도 마찬가지지. 그렇다고 그 글에 문제가 있다는 사실을 모른 채 사용한 사람을 챗GPT 대신에 처벌하기도 어려운 일이고.

그러게. 어떡하지? 당장 내일이 글짓기 대회 작품 제출 마감일인데……. 하지만 그렇다고 이 소설을 그대로 낼 수는 없어.

다음 날 아침, 나는 1층에 일찍 내려가 엄마를 기다렸다. 엄마에게 사실대로 털어놓아야겠다고 마음먹었기 때문이었다.

"신데렐라, 일찍 일어났구나? 소설 마무리는 잘 했니? 오늘이 제출일이라지?"

엄마는 내 예상대로 소설 이야기부터 꺼냈다. 내가 소설을 썼다는 사실에 크게 기뻐하고 있는 게 틀림없었다. 나는 차마 입이 떨어지지 않았다. 소설을 낼 수 없다고 말해야 하는데…….

내가 엄마와 눈도 못 마주치고 아무 말이 없자 엄마는 이상한 낌새를 차린 듯 먼저 물었다.

"무슨 문제라도 생겼니?"

"어, 엄마……, 사실은요……."

나는 결국 눈물을 흘리고 말았다. 엄마는 내 앞에 앉아 나를 가만히 쳐다보며 무슨 일인지 말해 보라고 했다. 나는 힘겹게 소설에 대해 이실직고했다.

"어, 엄마……. 이번에 쓴 소설요, 사실은 제 힘으로 다 쓴 게 아니라…… 챗GPT라는 대화형 인공 지능의 도움을 받은 거예요. 처음엔 약간만 도움을 받으려고 했는데 어쩌다 보니 챗GPT가 완성까지 해 줘

버렸어요. 그러니까…… 사실 그건 제가 쓴 게 아니라 챗GPT가 쓴 소설…… 이에요. 흑."

나는 차마 고개를 들 수가 없었다. 너무 창피하고 무서웠다.

"신데렐라, 그렇게 울며 사실을 말하는 걸 보니, 너도 무엇이 잘못되었는지 아는 것 같구나. 엄마 말 맞지?"

"흑. 맞아요, 엄마."

"지금이라도 솔직하게 말해 줘서 고맙구나. 신데렐라 네 말대로 그건 챗GPT의 작품인 것 같아. 그러니 그걸 그대로 제출하면 안 되겠지? 네 힘으로 다시 써서 내려면 마감일을 넘길 거고 그러면 수행 평가에서 낮은 점수를 받겠지만, 엄만 차라리 그게 나은 선택이라고 생각하는데?"

"제 생각도 그래요, 엄마."

나는 여전히 고개를 숙인 채 대답했다. 엄마는 내게로 가까이 다가와 나를 안아 주었다.

"누구나 실수는 한단다. 유리 구두를 갖고 싶은 건 참기 힘들었을 테니까. 하지만 신데렐라야, 자기 잘못을 용기 있게 인정하고 용서를 구하는 거야말로 아무나 할 수 없는 일이란다. 앞으로는 챗GPT를 어떻게 사용해야 할지 스스로 고민해 보는 게 좋을 것 같구나. 그렇지?"

"네. 그동안 챗GPT에게 너무 많은 걸 의존했던 거 같아요. 잘못했어요, 엄마."

나는 엄마 말에 고개를 끄덕이며 대답했다. 그리고 엄마의 조언처럼 앞으로 챗GPT를 어떻게 사용해야 할지 진지하게 고민해 봐야겠다고 다짐했다. 그동안 나도 모르게 챗GPT를 무엇이든 주문만 하면 소원을 들어주는 요술램프 지니처럼 생각했던 것 같다. 그래서 내가 스스로 해야 할 일마저도 모조리 챗GPT에게 맡겨 버리고 말았다. 그것이 얼마나 위험한 일이었는지 이제야 깨달았다.

나의 고백으로 신상 유리 구두는 날아갔다. 하지만 한결 가벼워진 내 마음속에는 진실한 진짜 유리 구두가 놓이게 되었다.

AI 창작의 세계

★ K-팝도 AI에게

한국 최초 AI 작곡가 이봄. 광주과학기술원이 2016년에 개발했습니다. 이봄이 2분짜리 음악 샘플 한 곡을 만드는 데 걸리는 시간은 3~5초 정도입니다.

이봄은 약 30만 곡을 작곡하고 그중 3만 곡을 판매해 6억 원을 벌었습니다. 2022년 여름, 한국음악저작권협회가 사람이 아닌 AI가 만든 곡은 창작물로 볼 수 없으므로 저작권료를 줄 수 없다고 하여 논쟁이 시작되었습니다.

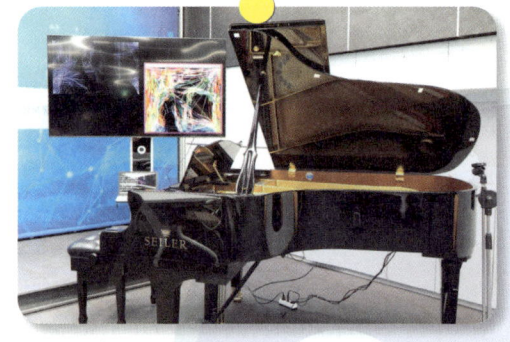

○ AI 작곡가 이봄의 작업 현장 (사진 출처: 크리에이티브마인드)

> 사용자가 챗GPT를 통해 어떤 음악을 만들고 싶은지를 설명하면 AI가 멜로디, 반주, 베이스, 비트를 자동으로 만들어 줘.

○ 이봄을 만든 AI 작곡 기술을 바탕으로 한 AI 음악 프로듀싱 서비스 '뮤지아 원'의 첫 화면.

○ K팝 가수로 활동하려고 준비 중인 가상 인간 나이비스. 성우 열두 명의 목소리를 분석해 목소리를 만들어 냈다. (사진 출처: SM엔터테인먼트)

★ 인간이 찍은 사진? AI로 만든 사진?

독일의 한 사진작가가 '2023 소니 월드 포토그래피 어워드'라는 세계적인 대회에서 크리에이티브 부문 1위를 차지했습니다. 그러나 작가는 곧 수상을 거부한 뒤 충격적인 사실을 발표했습니다. 자신이 제출한 사진이 직접 찍은 것이 아니라 AI로 만든 이미지였다는 점이었습니다.

◉ 수상작으로 뽑힌 AI 생성 사진. 제목은 '가짜 기억 : 전기공'. (사진 출처: 작가의 홈페이지)

"심사위원단이 인간이 찍은 사진과 AI로 만든 이미지를 구분할 수 있는지 시험하고 싶었어요. 앞으로 이 같은 일이 또 벌어진다면요? 우리는 그에 대한 대비를 하고 있나요?"

◉ 사진작가 보리스 엘다크젠
(사진 출처: 작가의 홈페이지)

컴퓨터에 연결된 카메라로 안무가의 몸동작을 촬영하면 AI가 가진 데이터 중에서 가장 비슷한 동작을 찾은 뒤 그다음 이어질 만한 동작을 추천해 줘.

◉ 모니터에 보이는 것이 AI 안무 프로그램 '리빙 아카이브'의 실행 화면.

토론왕 되기!

챗GPT로 만든 창작물, 누구의 것인가?

 너희 모두 이번 일로 깨달은 바가 많을 거라 생각한다. 특히 신데렐라, 챗GPT를 적절하게 활용하는 것은 좋지만 네 실력으로 누군가와 겨뤄야 하는 대회의 작품까지 인공 지능의 힘을 빌리는 건 옳지 못해. 이번에 잘 알았지?

네, 앞으로 다시는 그러지 않을게요. 반성하고 있어요.

 그럼 그 소설은 누가 쓴 거라고 봐야 하나요? 내기만 했다면 최우수상 수상은 따놓은 거였는데……. 그만큼 잘 쓴 소설이라면 챗GPT에게 상을 줘야 했을까요?

AI에게 상을 준다니, 그게 무슨 똥딴지 같은 소리야? 저작권이라면 모를까.

 저작권? 그게 뭔데?

저작권은 사람들이 만든 글이나 그림과 같은 작품에 대한 권리를 말하는 거 아냐? 저작권이 등록돼 있는 작품을 사용하려면 반드시 그 작품을 만든 사람의 허락을 받아야 하고. 그럼 큰언니 말은 내 소설의 저작권이 챗GPT에게 있다는 뜻이야?

 아니, 큰언니야말로 무슨 말을 하는 거야? 챗GPT는 먼저 인터넷에 있는 글들을 긁어모아서 학습한 다음에야 글을 쓸 수 있는 거잖아. 그렇다면 챗GPT가 학습한 글을 찾아서, 그 글을 쓴 사람들이 저작권을 나눠 가져야 하는 거 아니야?

하지만 인터넷에 있는 수많은 글이 모여 완전히 새로운 글이 탄생한 거잖아. 그건 엄연히 챗GPT의 창작물이라고!

 이 말을 들으면 큰언니 말이 맞는 거 같고, 저 말을 들으면 작은언니 말이 맞는 거 같네. 대체 누구 말이 맞는 거지?

* 챗GPT는 사람이 쓴 글과 구분하기 어려울 만큼 능숙하게 글을 쓸 수 있어요. 점점 더 많은 사람이 챗GPT에게 글쓰기를 맡기고 있죠. 하지만 챗GPT가 쓴 글에 대해 저작권을 부여해야 하는지, 또 표절이 일어나지는 않는지 등에 대한 우려가 제기되고 있어요.
인공 지능은 인간의 창작을 돕는 도구에 불과하다는 입장과, 인공 지능이 스스로 창작을 해내고 있다고 보는 입장이 부딪히고 있어요. 여러분의 의견은 어느 쪽인가요?

낱말 만들기

흩어져 있는 글자를 조합하여 각 보기가 설명하는 낱말을 만들어 보세요.

대	G	화	키	치	형	상	공	지
알	능	움	파	세	대	인	T	행
중	연	관	P	검	홍	색	왕	어
하	저	수	작	론	성	권	해	딱
챗	대	타	필	효	토	율	침	복

❶ 사람과 같은 방식으로, 자연어로 대화하는 기계.

❷ 디지털에 특히 익숙하며 2010년 이후 출생한 원주민 세대를 이르는 용어는?

❸ 누구도 허락 없이 사용할 수 없는 창작자의 권리는?

❹ 누군가의 글을 대신하여 작성하는 행위를 의미하는 낱말은?

❺ 어떤 말을 던져 줬을 때 다음 말이 무엇인지까지 예측하며 글을 만드는 대화형 인공 지능을 가리키는 용어.

정답: ❶ 대화형 인공 지능 ❷ 알파 세대 ❸ 저작권 ❹ 대필 ❺ 챗GPT

4장

독 사과와
진짜 사과를
구분하는 법

챗GPT의 배신

"신데렐라, 너 어딨어? 신데렐라아아아!"

으, 또 시작이다. 작은언니 목소리였다. 뭐가 또 마음에 안 드는지 쿵쾅쿵쾅 발을 구르며 계단을 올라오는 소리가 쩌렁쩌렁 울렸다.

"왜 또! 뭐가 문제야?"

이번엔 나도 참지 않고 소리쳤다.

"하, 적반하장도 유분수지! 신데렐라 너, 내 자료 조사 숙제를 어떻게 한 거야, 대체!"

작은언니는 어젯밤 내가 대신 해 준 숙제를 눈앞에 들이밀며 나에게 꽥 소리쳤다.

"어떻게 하긴. 평소대로 잘했지! 언니가 해 달란 대로 했는데 왜!"

나는 작은언니에게 지지 않고 말했다. 챗GPT를 이용해서 전보다는 쉽게 자료를 찾는다지만 어쨌든 언니가 할 일을 대신 해 주는 사람한테 매번 왜 이렇게 윽박인 건지! 내가 왜 이렇게 구박당해야 하는지 모르겠네, 정말.

"와, 얘 좀 봐라? 내가 오늘 네가 조사해 준 거 그대로 발표했다가 얼마나 망신당한 줄 알아? 내용이 다 틀렸어. 다 틀렸다고!"

"뭐가 다 틀려? 뭐가? 무슨 내용이?"

작은언니 말에 나는 크게 당황했다. 분명 챗GPT가 알려 주는 대로 복사해서 붙여넣기 한 거였는데? 틀릴 리가 없잖아. 챗GTP는 세상에서 가장 똑똑한 인공 지능이라고!

"오늘따라 내가 유난히 컨디션이 좋았어. 그래서 발표를 맡기로 했지. 모둠원들이 조사해 온 걸 다 모아서 내가 한꺼번에 발표하는 거였는데, 일단은 내가 해 간 것부터 읽기로 마음먹고는 당당하게 앞에 나가서 발표를 시작했어."

-오늘 오전 5학년 역사실-

"오늘은 각 모둠별로 조사해 온 우리 동네 설화에 관해 발표하기로 했죠? 어느 모둠부터 발표해 볼까요?"

"선생님! 여기요!"

"저희 모둠에서 조사한 우리 동네 설화는 모두 다섯 개입니다. 그중 첫 번째 설화를 소개하겠습니다. 뭉치시에는 돌마루라는 장소가 있습니다. 이곳에는 음양사위라는 전설이 전해지고 있습니다. 음양사위는 농부들의 노고를 덜어 주기 위해 트랙터를 타고 나타나 농사일을 도왔다고 전해집니다. 그는 트랙터 조작에 능숙하여 농사일을 효율적으로 처리하고 농작물의 수확을 도왔다고 합니다. 농부들은 음양사위의 도움으로 매년 풍년을 누렸으며, 그에게 늘 감사를 전하고 싶어 했습니다. 그러나 음양사위는 자신의 정체를 비밀로 하고 결코 모습을 드러내지 않았습니다. 그의 정체나 출신지 등을 알 수 있는 정확한 역사적인 기록

은 없습니다. 음양사위는 그렇게 설화의 주인공으로만 남아 있습니다!"

"선생님, 발표 내용이 이상해요! 우하하! 트랙터래, 트랙터! 우하하하하!"

-다시 신데렐라네 집-

"물론…… 발표 전에 자료를 먼저 읽어 보지 않은 내 탓도 있지만. 아니, 아주 옛날부터 전해 내려오는 설화의 주인공이 트랙터를 타고 농사일을 도왔다는 게 말이 되니? 응? 대체 자료 조사를 어떻게 했길래!"

"뭔가 이상해. 잠깐만 기다려 봐!"

나는 얼른 컴퓨터를 켜서 챗GPT에게 '음양사위'에 관해 다시 물어보았다.

"어라? 이게 왜 이러지?"

"거봐, 너도 뭔가 이상하지?"

"분명히 이게 아니었는데."

챗GPT가 이상했다. 나는 분명 어제 이 숙제를 할 때 던진 것과 똑같은 질문을 던졌다. 그런데 챗GPT는 어제와는 전혀 다른 답변을 내놓았다. 오늘 보여 준 답변에는 '트랙터'가 쏙 빠져 있었다. 나는 어안이 벙벙했다. 작은언니는 길길이 날뛰었다. 결국 작은언니에게 미안하다고 사과할 수밖에 없었다.

 **진짜로 탈퇴 결심**

'딩동 딩동.'

'어머, 신데렐라, 갑자기 어쩐 일이야? 잠깐만!'

백설 공주는 인터폰으로 내 얼굴을 확인하자마자 얼른 대문을 열어 주었다. 나는 문이 열리자마자 황급히 집 안으로 뛰어 들어갔다. 챗GPT에게 느낀 배신감을 이루 말할 수가 없었기 때문이었다.

"백설 공주야, 너 그거 알아?"

"숨 넘어가겠다. 일단 좀 앉아서 말해."

"아니, 챗GPT가 글쎄!"

"챗GPT가 어쨌다는 거야. 숨 좀 고르고 이야기해."

나는 씩씩대며 백설 공주에게 방금 집에서 있었던 일을 말했다. 분명 어제까지만 해도 음양사위가 트랙터를 타고 농사일을 도왔다고 했던 챗

GPT가 하루아침에 말을 바꾸었다고 말이다. 내 말을 가만히 듣던 백설 공주는 품 하고 웃음을 터뜨렸다.

"겨우 그것 때문에 이렇게 부리나케 우리 집으로 달려온 거야?"

"겨우라니! 어떻게 챗GPT가 틀릴 수가 있어? 나 진짜 배신감 들어."

"하하하. 정말 못 말린다니까, 신데렐라는."

나는 백설 공주가 웃는 게 이해가 가질 않았다. 그럼 백설 공주는 챗GPT가 가끔은 틀릴 수 있다는 것도, 같은 질문에 다른 대답을 내놓을 수도 있다는 것도 이미 다 알고 있었던 걸까?

"난 정말 심각하다고. 챗GPT는 만능이 아니었어?"

"에이, 챗GPT도 완벽하지 않아. 그야 당연한 거 아냐? 챗GPT를 둘

할루시네이션 현상

환각, 환청이라는 뜻의 영어 단어 '할루시네이션(hallucination)'이 챗GPT가 가진 문제점 중 하나를 지적하는 데 쓰이고 있어. 챗GPT의 대답이 너무나 자연스럽고 논리정연해 보이기 때문에 사람들이 챗GPT의 대답이라면 덮어놓고 사실로 믿어 버리는 현상을 가리키는 것이지.

챗GPT는 완벽하지 않기 때문에 때로는 엉뚱한 정보를 생성하거나, 잘못된 정보를 제공하기도 해. 틀린 정보마저 마치 '진짜'인 것처럼 착각하게 하는 할루시네이션 현상을 기억하고 조심하자!

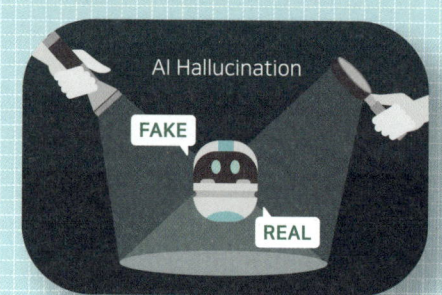

러싼 논란은 많아."

"정말?"

"그렇고말고."

"뭐가 있는데?"

"방금 네가 경험한 것도 챗GPT가 가진 문제점 중에 하나지. '거짓 정보'를 줄 수 있다는 것. 챗GPT는 수많은 데이터를 반복 학습하면서 지식을 습득하잖아. 이때 반복 학습하는 데이터 자체에 오류가 있더라도 스스로 데이터의 옳고 그름을 판별할 수 있는 능력이 챗GPT에게는 없어. 그래서 틀린 데이터를 바탕으로 하면 틀린 결과값을 우리에게 그대로 보여 줄 수밖에 없는 거야. 예를 들어, 독도는 한국 땅이라는 게 마땅한 사실인데도 인터넷에 독도는 일본 땅이라는 말이 더 많다면? '독도는 한국 땅'이라는 데이터보다 '독도는 일본 땅'이라는 데이터를 더 많이 학습한 챗GPT는 독도가 실제로 어느 나라 영토인지를 상관하지 않고 '독도는 일본 땅'이라고 대답할 가능성이 크다는 거야."

"헉. 그건 정말 심각한데?"

"그래. 이렇게 잘못된 데이터까지 모조리 학습해 버리는 게 인공 지능이 가진 한계라고 할 수 있지. 또 정치적으로 한쪽으로 치우치거나 윤리적으로 문제가 있는 데이터를 학습할 때에도 역시 그것이 반영된 결과를 그대로 보여 줄 수밖에 없어. 인종 차별을 옹호한다든지, 사회적 약자를 혐오하는 표현을 쓴다든지 하는 식으로 말이야. 이런 걸 '데이터 편향성'이라고 해."

나는 백설 공주 설명을 듣고 할 말을 잃었다. 늘 완벽한 줄로만 알았던 챗GPT에게도 이런 치명적인 단점이 있었다니. 마치 믿었던 친구에게 심한 배신을 당한 기분이었다.

"호, 혹시 또 다른 문제도 있어?"

나는 설마 하는 마음으로 백설 공주에게 물었다.

"음……, 또 다른 문제라면 역시 사이버 범죄를 빼놓을 수 없지."

"뭐? 버, 범죄라고?!"

"챗GPT는 충분히 범죄에 악용될 수 있어. 너도 알다시피 챗GPT는 다양한 일을 대신 해 줄 수 있잖아? 소설을 써 준 것만 해도 그렇고 말이야."

"아이, 그 얘기를 왜 굳이 또 해……."

"하핫, 미안. 그러니까 사람들이 나쁜 마음을 먹으면 얼마든지 챗GPT를 범죄에 이용할 수 있다는 거야. 어떤 사이트를 해킹하는 데 사용할 악성 코드를 만들어 달라거나, 사람들을 속일 피싱 홈페이지를 만들어 달라고 한다면? 챗GPT는 그게 나쁜 건지 아닌지를 판단할 능력이 없으니 그저 해 달라는 대로 척척 만들어 줄 거야. 물론! 지금도 윤리적으로 문제가 될 만한 몇몇 질문이나 요청에는 답하지 않도록 돼 있지만, 질문을 변형해서 던진다면 원하는 걸 얻어 내는 것도 어렵지 않겠지."

"세상에 믿을 사람, 아니 믿을 인공 지능 없다더니! 챗GPT 실망이다, 실망이야."

"하하. 인공 지능이 옳고 그름까지 판단할 줄 안다면 그건 정말 사람과 다름없겠지. 그렇지 않겠어, 신데렐라?"

"그럼 이제 어떡해? 나는 더 이상 챗GPT를 못 믿겠어."

"에이, 그래도 챗GPT가 도움이 되는 건 맞잖아. 다만 챗GPT가 주는 정보가 거짓은 아닌지, 편향성을 띠진 않는지를 직접 확인할 필요가 있겠지. 작은언니처럼 학교에서 망신 당하지 않으려면 말이야. 하하."

백설 공주에게 챗GPT가 가진 한계에 대해 듣고 나니 나는 왠지 기운이 쭉 빠져 버렸다. 그동안 챗GPT를 철썩같이 믿었던 내가 바보 같았다. 챗GPT에 빠져 온갖 숙제를 다 맡기고, 대회에 내보낼 작품까지 맡기질 않나, 이제는 챗GPT가 주는 정보는 무조건 옳을 거라고 확신하는 상태가 되어 버렸다니.

"백설 공주야, 나 너무 한심한 거 같아. 아무래도 안 되겠어. 챗GPT 사이트를 탈퇴할래."

"뭐? 탈퇴까지?"

"이러다간 정말 바보가 될지도 몰라. 이렇게 챗GPT에게 의존만 하다가는 스스로 할 줄 아는 게 하나도 남지 않겠어. 당장 집에 가서 탈퇴하고 앞으론 숙제도 내 힘으로 하나씩 다 할 거야!"

"아, 아니! 신데렐라, 아무리 그래도 그건 좀……."

"챗GPT의 숨겨진 나쁜 면에 대해 알려 줘서 고마워! 그럼 이만 가 볼게!"

나는 황급히 백설 공주 집을 빠져나왔다.

AI 문해력이란?

문해력(영어로는 '리터러시')은 원래 글을 읽고 쓰며 이해하는 능력을 말하는 낱말입니다. 그럼 AI 문해력이란 무엇일까요?

★ AI 문해력이란?

AI가 내놓은 정보를 얼마나 정확하고 바르게 이해하고 사용할 줄 아느냐를 뜻합니다. 또한 인공 지능 기술과 그 영향력을 이해하고, 인공 지능을 사용하여 문제를 해결하는 능력을 포함합니다.

책을 읽어도 영상을 봐도 무슨 말인지 모르겠어.

문해력이 부족하네.

유네스코는 2012년부터 매년 10월 마지막 주를 국제 리터러시 주간으로 지정하고 디지털 시대에 꼭 필요한 능력인 새로운 문해력에 대해 알리는 여러 행사를 펼쳐.

◯ 유네스코의 2021년 국제 리터러시의 날 포스터. (그림 출처: 유네스코한국위원회)

★ 정보를 만들어 내는 AI가 일으킬 수 있는 윤리적 문제

AI의 답변 중에는 우수한 것도 많지만, 아직까지는 오류도 많습니다. 이 때문에 AI가 내놓는 정보를 비판적으로 받아들이는 AI 문해력이 중요합니다.

가짜 뉴스

- 챗GPT에 증상을 입력하자 잘못된 의학적 진단을 내리고는, 그 근거로 존재하지 않는 가짜 논문을 제시한 사례가 있다.

정보 도용

- 마이크로소프트의 소스 코드 생성형 AI 코파일럿은 온라인의 오픈 소스 코드를 허락 없이 학습했다가 법적 소송에 휘말렸다.

혐오 표현

- AI 챗봇 이루다는 2021년 서비스를 시작하자마자 일부 사람들이 쓰는 혐오 표현을 그대로 따라 하는 바람에 금방 서비스를 중지하고 말았다.

표절

- 왼쪽은 네덜란드 화가의 유명한 작품 <진주 귀걸이를 한 소녀>. 오른쪽은 이미지 생성 AI 미드저니를 이용해 만든 <진주와 함께 있는 나의 소녀>.

챗GPT로 만든 창작물, 누구의 것인가?

신데렐라, 너 진짜로 챗GPT 사이트 탈퇴했어?

그렇다니까! 난 이제 챗GPT라면 넌더리가 나! 챗GPT가 만들어 낸 가짜 정보를 걸러 내고 확인하는 데 걸리는 시간이나 내 손으로 직접 자료 조사 하는 시간이나 결국 똑같이 걸리잖아. 이제 더 이상 나는 챗GPT를 쓰지 않겠어.

하지만 이건 인터넷에서 정보를 얻을 때 언제나 겪는 문제야. 어느 사이트에나 거짓 정보는 존재할 수 있고, 우리는 그걸 비판적으로 수용할 줄 알아야 하잖아.

네 말도 맞아. 하지만 그동안 챗GPT에게 내가 너무 의존했던 거 같아. 인터넷 검색 사이트보다 챗GPT가 내게 해 줄 수 있는 일이 훨씬 많았잖아. 그럴수록 점점 더 내가 무능력해지고 나쁜 생각만 하게 되는 거 같아.

 흠. 그렇게 느낄 수도 있지만, 자꾸 나빠지지 않도록 잘 경계만 한다면 챗GPT를 든든한 조력자로 사용할 수도 있지 않을까? 새로운 기술을 언제까지고 피하기만 할 수는 없잖아.

하지만 나는 너무 무서워. 다시는 이번과 같은 일을 겪고 싶지 않아.

 옛날 사람들이 TV를 '바보 상자'라고 부르거나, 인터넷이 처음 나왔을 때 막연히 두려워했던 것처럼 너도 비슷한 감정을 느끼는 거라고 생각해. 하지만 처음이라 조금 두려울 뿐 우리 인간은 금세 기술에 적응하고 그걸 또 잘 조절할 능력을 가졌다고 믿어. 그 덕분에 인공 지능과 같이 고도로 발달한 기술을 갖게 된 거고.

정말 그럴까? 나는 이제 챗GPT에 대해 어떤 태도를 가져야 할지 잘 모르겠어.

* 신기술이 밀려오면 사람들은 으레 겁을 먹곤 합니다. 인류가 만든 기술에 인류가 오히려 잡아먹히는 상상을 하곤 하죠. 지금도 AI 때문에 미래엔 수많은 직업이 없어질 거라고 떠들썩한 것처럼요. 그렇다고 날로 발전하는 신기술을 나 몰라라 할 수만은 없잖아요.
신기술을 남용하여 생기는 폐해를 피하면서도 그 이점을 지혜롭게 활용할 수 있는 방법은 과연 없을까요?

퀴즈

다음은 본문에서 다룬 중요한 단어들에 대한 설명입니다. 아래 보기에서 알맞은 단어를 찾아 빈칸을 채워 보세요.

보기

챗봇, AI 문해력, 편향성, 소스 코드, 사이버 범죄

❶ 정치적으로 한쪽으로 치우치거나 윤리적으로 문제가 있는 데이터를 학습할 때에도 역시 그것이 반영된 결과를 그대로 보여 줄 수밖에 없다. 이를 잘못된 정보 데이터로 인한 _____에 대한 문제라고 한다.

❷ 챗GPT도 _____에 악용될 수 있다. 악성 코드를 만들어 달라는 등의 윤리적으로 문제가 있는 요청을 받더라도 챗GPT는 스스로 옳고 그름을 판단하지 못한 채 답을 주기 때문이다.

❸ AI는 우수한 답변을 내놓기도 하지만 오류도 많다. 그렇기 때문에 인공지능이 내놓은 대답에 거짓 정보가 섞여 있는지, 윤리적인 문제는 없는지, 누군가의 프라이버시를 침해하지는 않는지, 저작권을 침해하지는 않는지 등을 판별해 내는 _____을 키워야만 한다.

정답: ❶ 편향성 ❷ 사이버 범죄 ❸ AI 문해력

5장

오래오래 행복하게 살았대요

돌아갈 수 없어

"안녕히 주무셨어요."

"히익, 신데렐라! 너 얼굴이 왜 그러니?"

아침을 먹으러 1층으로 내려갔다. 엄마가 분주히 식사 준비를 하길래 식탁에 앉으며 인사를 건넨 것뿐인데, 엄마는 내 얼굴을 보곤 화들짝 놀라는 게 아닌가. 나는 아직 잠에서 다 깨지도 못한 채였는데.

"네? 왜, 왜요? 제 얼굴에 뭐 묻었나요?"

나는 손으로 얼굴을 더듬더듬하며 물었다. 엄마는 쑥 다가오더니 얼굴을 가까이 들이밀었다. 그리고는 검

지로 내 눈 밑을 쭉 내려 보고는 혀를 끌끌 찼다.

"아니, 눈은 왜 이리 빨갛게 충혈됐고 눈 밑은 퀭한 데다가…… 얼굴은 푸석푸석하고. 이게 열 살짜리 얼굴 맞니? 어젯밤에 잠 안 자고 뭐 했어? 또 늦게까지 스마트폰 했니?"

"아, 그게 아니라 숙제했어요. 숙제가 많아서 잠을 많이 못 잤거든요."

나는 별거 아니라는 듯 컵에 우유를 쪼로록 따르며 대답했다.

"숙제가 얼마나 많길래 잠을 못 자? 혹시 또 언니들이 숙제 시켰니? 내 이것들을 그냥!"

그때였다. 마침 큰언니와 작은언니가 주방으로 들어오고 있었다.

"안녕히 주무셨어요."

"엄마, 굿모닝!"

"첫째, 둘째 너희들!"

"아이, 깜짝이야! 왜요, 엄마!"

엄마는 언니들을 보자마자 꽥 소리쳤다. 작은언니는 깜짝 놀라서 억울하단 눈빛으로 엄마를 쳐다보았다.

"너희들, 내가 신데렐라에게 숙제 시키지 말라고 했어, 안 했어? 너희들 또 숙제 시켰지?"

"아, 아뇨? 두, 둘째 너 숙제 시켰냐?"

"나? 아, 아아아니!"

언니들은 심하게 말을 더듬었다.

"그냥 제가 도운 것뿐이에요."

나는 아무 일도 아니라는 듯 말했다. 엄마는 더 화가 난 듯했다.

"돕다니 누가 누굴 도와? 언니들이 동생 숙제를 도와야지. 동생이 언니들 숙제를 돕는 게 말이나 돼? 첫째, 둘째, 너희가 말해 봐!"

"아니, 그게요……."

작은언니는 괜히 시선을 피했다. 큰언니는 아예 대꾸할 생각도 못 하고 우유만 꿀꺽꿀꺽 마셨다.

"애가 얼마나 숙제에 시달렸으면 밤새 잠을 못 자서 눈 밑에 다크 서클하며! 저 얼굴 좀 봐라, 어? 너희들이 그러고도 언니들 맞니?"

엄마의 호통에 언니들은 고개를 푹 숙였다. 그러고는 자기들끼리 뭐라고 쑥덕이기 시작했다.

"쟤는 한동안 척척 잘하더니 왜 또 밤을 새우고 난리야. 어휴."

"그러게 말이야. 요즘은 챗GPT를 안 쓴다잖아."

"뭐라고 속닥대는 거야? 큰 소리로 말해 봐."

언니들 말소리를 엿들은 엄마가 다시 캐물었다. 작은언니가 허둥대며 대답했다.

"신데렐라가 챗GPT 거부 선언했어요. 이젠 그거 안 쓴대요."

"다시 예전처럼 직접 책 찾아보고 인터넷 뒤지다 보니 숙제하는 시간이 길어져서 저렇게 밤을 꼴딱 새우게 된 거라니깐요, 쯧쯧."

작은언니 말에 큰언니도 한마디 덧붙였다.

"신데렐라, 갑자기 챗GPT를 쓰지 않는 이유가 뭐야? 혹시 지난번 글짓기 사건 때문이니?"

엄마는 나에게 넌지시 물었다. 나는 살짝 고개를 끄덕였다.

"그것도 있고요……. 챗GPT도 완벽하지 않다는 걸 깨달았어요. 챗GPT에만 너무 의존하다 보니 저 자신이 무기력해지는 거 같다는 생각도 들고요. 그래서 힘들지만 다시 전처럼 뭐든 제 힘으로 해결해 보려고 하는 중이에요."

"신데렐라 네 마음은 이해돼. 그렇다고 갑자기 잘 사용하던 기술을 쓰지 않겠다니 그것도 그리 바람직해 보이지는 않는구나. 그리고 무엇보다 너희 둘! 너희 숙제는 너희가 해결해야지!"

엄마는 언니들 눈을 매섭게 쳐다보며 말했다.

"아, 알겠어요. 알겠다고요."

큰언니가 대답하자 작은언니도 곁에서 세차게 고개를 끄덕였다.

"일단 학교 다녀와서 이 일에 대해 다시 이야기하자."

무슨 얘기를 하려고 하시는 걸까? 당장 언니들 숙제에서만 해방되어도 난 살 만할 텐데.

 평화로운 미래를 위해

저녁에 우리 세 자매는 거실로 다시 모였다. 거실 탁자 가운데에는 못 보던 노트북 한 대가 놓여 있었다.

"우와! 엄마 이거 누구 거예요? 제 거예요, 호옥시?"

작은언니는 눈을 반짝였다.

"이게 왜 네 거야? 곧 중학생 되는 내 선물이겠지. 맞죠? 제 선물이죠?"

큰언니는 작은언니 품에서 노트북을 빼앗으며 물었다. 엄마는 질문에 대답하지 않고 팔짱을 낀 채 낮은 목소리로 말했다.

"원래 있던 자리에 내려놓고 모두 소파에 앉아 봐."

엄마 말씀에 우리는 나란히 소파에 앉았다. 엄마는 우리 앞을 왔다가

갔다가 하며 무슨 말을 할 듯 말 듯 망설였다.

"엄마, 무슨 말을 하려고 그러세요. 답답해요."

작은언니가 재촉했다.

"흠. 내가 아무리 첫째, 둘째 너희들에게 신데렐라에게 숙제 시키지 말라고 해도 몰래 또 같은 짓을 하겠지. 그래서 엄마가 방법을 생각해 봤어. 바로 '챗GPT와 함께하는 세 자매 으라차차 숙제 프로젝트!' 짜잔."

"엥? 엄마? 그게 대체 뭐예요?"

엄마가 갑자기 양팔을 벌리며 이상한 포즈를 취하자 우리 셋은 깜짝 놀랐다. 거기다 세 자매 으라차차 뭐라고요, 엄마?

"앞으로 너희 셋이 이 노트북을 이용해 함께 숙제를 해결하라는 거야. 백설 공주네는 그렇게 숙제를 한다지?"

"맞아요! 둥근 책상에 모두 모여 앉아서 함께 숙제하더라고요."

나는 백설 공주네 집에서 본 풍경이 생각나 얼른 대답했다.

"이 노트북은 너희 셋이 힘을 합쳐 사이좋게 숙제를 해결하라는 뜻으로 엄마가 큰 맘 먹고 새로 산 거야. 누구의 것도 아닌 너희 셋의 것이니 싸우지 말고 공. 평. 하. 게. 사용하도록 해. 알겠니?"

"에이, 분명 큰언니가 혼자 차지해서 쓸걸요? 불공평해!"

엄마 말에 작은언니가 볼멘소리로 말했다.

"절대 그래선 안 되지. 이 노트북은 거실에서만, 또 숙제할 때에만 쓸 수 있어. 그리고 너희는 오늘부터 신데렐라에게 챗GPT 사용법을 배우렴. 알겠니?"

"네, 네? 챗GPT를요?"

"나이가 가장 어린 신데렐라도 챗GPT를 이렇게 저렇게 잘 활용하는데 언니들인 너희는 정작 그걸 어떻게 쓰는지도 모르잖아? 너희도 챗GPT 사용법을 익혀서 숙제하는 데 도움을 받아 보란 말이야."

"오호, 엄마, 그거 좋은 생각인데요?"

엄마 말씀을 듣고 나는 무릎을 탁 쳤다. 왜 진작에 언니들에게 챗GPT 사용법을 가르쳐 줄 생각을 못 했을까? 언니들도 한번 배우고 나면 손쉽게 쓸 수 있을 텐데 말이다.

"그리고 신데렐라, 어떤 새로운 기술이든 좋은 점이 있으면 나쁜 점도 있기 마련이야. 너희가 처음 스마트폰을 갖게 되었을 때, 엄마는 너희가 스마트폰 중독에 빠지는 건 아닌지 매우 염려스러웠단다. 하지만 처음에 조금 힘들었을 뿐, 지금은 너희 스스로 사용 시간을 지키고 적절히 잘 활용하고 있지 않니?

스마트폰 중독이 무섭다고 스마트폰을 영영 쓰지 않을 수 없는 것처럼 언젠가는 챗GPT와 같은 대화형 인공 지능 기술이 우리 생활 깊숙하게 자리 잡을 거란다. 그러니 무조건 쓰지 않겠다고 할 게 아니라, 어떻게 하면 이 기술을 지혜롭게 잘 사용할 수 있을지 고민해 보고 그 방법을 익히는 게 좋지 않을까?"

"음……. 생각해 보니 엄마 말씀도 맞는 거 같아요. 사실 요 며칠 챗GPT 없이 숙제하느라 너무너무 힘들었어요. 하지만 챗GPT를 이용하면서 여러 사건을 겪었던 걸 생각하면 또 그런 일이 벌어질까 봐 무섭기도 하고 혼란스러웠거든요. 그래도 엄마 말씀을 들으니 조금 용기가 생기는 거 같아요. 오히려 제가 겪은 일들을 자주 되새기면서 같은 잘못을 반복하지 않도록 해야겠어요!"

"그래, 바로 그거야, 신데렐라. 챗GPT에게 모든 걸 의존하는 게 옳지 않다는 것을 배웠고, 챗GPT도 때론 틀린 정보를 줄 수 있다는 것도 알았지. 챗GPT를 둘러싼 다양한 논란이 지금도 계속되고 있다는 걸 염두에 두면서 이용한다면 슬기롭게 사용할 수 있을 거야."

엄마는 내 대답에 흐뭇하게 웃으며 말했다.

"으, 어쨌든 저희는 오늘부터 신데렐라에게 챗GPT 사용법을 배워야 한다는 거죠? 망했다. 으악."

컴퓨터라곤 너튜브 보는 일밖에는 관심 없는 작은언니는 벌써부터 울상이 됐다. 반면 큰언니는 관심을 보였다.

"요즘엔 그리고 싶은 걸 글로 써서 주기만 해도 대신 그림을 그려 주는 AI도 있다던데. 혹시 그것도 알아, 신데렐라?"

"응, 맞아. '해바라기를 그려 줘.'라고 입력하면 진짜 해바라기 그림을 그려 줘. 역시 큰언니는 그림과 관련된 거라면 뭐든 관심이 많구나."

"와, 그럼 얼른 챗GPT 사용법부터 배우고 나서 그것도 한번 찾아봐야겠다. 벌써 신나네!"

큰언니 말에 나도 덩달아 신이 났다. 나는 언니들을 노트북 앞으로 끌고 가 챗GPT 회원 가입 방법부터 알려 주기 시작했다. 역시나 언니들도 온통 영어로 된 사이트를 보자마자 아연실색했다.

"영어로 된 걸 어떻게 쓰라는 말이야. 번역된 거 없어?"

"에이, 하다 보면 금방 적응돼! 여기 봐 봐. 오른쪽 위에, 'sign up'이라고 보이지?"

나는 어느새 백설 공주가 나에게 그랬던 것처럼 챗GPT 박사가 되어 언니들에게 친절하게 가르쳐 주고 있었다. 그렇게 나의 숙제 지옥에는 평화가 찾아왔다.

그 후로 오랫동안 신데렐라와 두 언니는 챗GPT를 이용해 슬기롭게 숙제를 해결했대요.

챗GPT가 바꿀 미래

챗GPT를 개발한 OpenAI는 최소 10%의 일자리가 사라질 것으로 전망했습니다. AI에 의해 어떤 직업이 대체되고, 어떤 직업이 주목받을까요?

★ IT

프롬프트 엔지니어는 앞으로 인기 있을 직업이지요. AI와 사람들이 주고받을 대화나, AI에게 주어지는 질문이나 명령을 만드는 일을 주로 합니다.

★ 스포츠

2024년부터 미국 메이저리그 야구 경기에 AI 심판이 활용될 예정입니다. 투수가 공을 던지면 AI가 볼인지 스트라이크인지 구별해 심판의 이어폰으로 그 결과를 전달함으로써 판정에 도움을 주는 방식입니다.

★ 법률

미국, 호주 등 AI를 법정에 활용하는 나라가 늘고 있습니다. 분쟁 양쪽의 자료를 입력한 뒤 법률 데이터베이스를 연결하면 AI가 가장 비슷한 사건의 판례를 찾아 판결을 추천합니다.

★ 교육

개인 선생님 역할을 하는 챗GPT와 함께 상호 작용하며 공부할 수 있게 될 것입니다.

★ 의료

환자는 꼭 병원을 찾아가지 않더라도 챗GPT와 비슷한 인공 지능 시스템을 이용하여 증상에 대한 진단을 받을 수 있습니다.

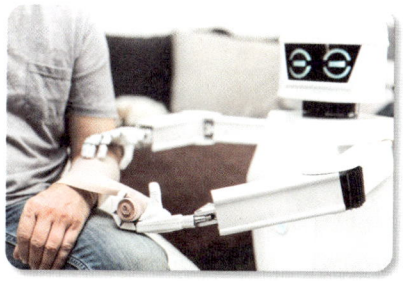

◌ 환자의 체온과 혈압 체크, 간단한 처치를 담당하는 간호용 AI

◌ 'AI 펭톡'. 화면 속 펭수와 일대일 영어 대화를 할 수 있는 인공 지능 영어 교육 서비스. 사진 출처: EBS English 홈페이지

★ 예술

작가, 화가, 작곡가 등과 같은 순수 창작자뿐 아니라 게임 스토리를 구성하거나 영화 대본 등을 만드는 일도 할 수 있을 것입니다.

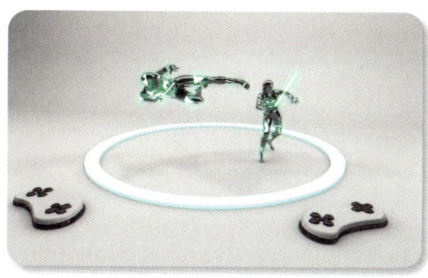

◌ 게임 캐릭터를 창조하거나, 완성된 캐릭터를 게임에 적용하여 시험하는 AI

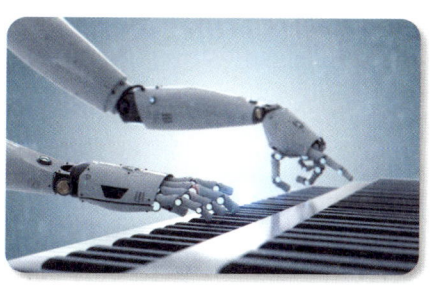

◌ 사진이나 영상을 보여 주면 그에 맞는 음악을 자동으로 생성하는 AI

챗GPT를 비판적인 자세로 사용하는 방법

 챗GPT 너를 만나서 그동안 참 많은 일을 겪었어. 이제는 네가 없는 세상은 상상조차 할 수 없어.

그렇게 말해 주다니 기쁩니다. 하지만 나는 도구일 뿐이며 인간의 지휘와 판단이 필요하단 점을 잊지 마세요.

 이제는 알아. 처음엔 내가 요구하는 것마다 척척 해 주는 네가 완벽한 줄로만 알았어. 결국엔 너에게 모조리 맡겨 버리고 말았지. 그래서는 안 되었는데 말이야.

나는 인공 지능 모델로서 여러 작업에 도움을 줄 수 있지만, 완벽하거나 모든 상황에 적합한 것은 아닙니다. 나는 기계적으로 데이터를 학습하여 응답을 생성할 뿐입니다. 나의 답은 항상 검토되어야 하며, 적절한 판단과 검증을 통해 사용되어야 합니다.

 그래. 하지만 챗GPT 너가 내놓은 대답을 일일이 검토하고 판단한다는 게 초등학생인 나에겐 어려운 일이야. 그래서 잠깐이었지만 아예 널 사용하지 않기로 결심하기까지 했던 거고. 너의 대답이 적절한지 아닌지 내가 어떻게 알 수 있을까?

챗GPT가 제공하는 답변을 받아들이기 전에 먼저 정보의 출처를 확인해야 합니다. 두 번째로 챗GPT는 학습한 데이터에 기반하여 응답을 생성하므로 편향성이나 오류가 섞일 수 있습니다. 그러니 민감한 주제나 중요한 정보를 다룰 때면 특히 주의를 기울여야 합니다. 마지막으로 챗GPT의 답변이 믿을 만한지 스스로 판단하는 습관을 가져야 합니다. 답변이 합리적이고 타당한지 따져 보고, 필요하다면 추가로 검색해 봐야 합니다. 이러한 태도를 가질 때 챗GPT를 비판적으로 사용한다고 말할 수 있습니다. 초등학생도 이 정도는 실천하고 연습할 수 있을 것입니다.

새로운 기술이라고 해서 무조건 믿고 찬양해서도 안 되지만, 부정적인 면만 보고 그 기술을 아예 배척해서도 안 된다는 걸 깨달았어. 이제는 챗GPT 너를 더 슬기롭게 사용할 수 있을 거 같아. 앞으로도 잘 부탁해!

좋은 결론에 이르렀군요! 모든 기술과 도구는 인간이 그것을 어떻게 사용하느냐에 따라 가치가 결정됩니다. 나는 여러분과 함께 멋진 여정을 계속하고 싶습니다. 잘 부탁 드립니다!

5장 오래오래 행복하게 살았대요

틀린 설명 찾기

다음은 챗GPT에게 적절하게 질문하는 법을 나열한 O/X 퀴즈입니다.
각 문항을 잘 읽고 O 또는 X로 답해 보세요.

❶ 챗GPT가 제공하는 답변을 받아들이기 전에, 그 정보가 신뢰할 만한 출처로부터 나온 것인지 확인하는 것이 중요하다.

❷ 챗GPT는 학습 데이터에 기반하여 응답을 생성하지만, 편향성이나 오류를 포함하지는 않는다.

❸ 챗GPT의 답변이 질문을 던진 목적에 충분히 맞는지 따져 보고, 부족한 점이 있다면 재질문한다.

❹ 챗GPT의 답변이 합리적이고 타당한지 항상 살펴보는 습관을 가져야 한다.

정답: ❶O ❷X ❸O ❹O

> 어려운 용어를 파헤치자!

이실직고 있는 사실 그대로를 말하는 것을 뜻하는 말. 유의어) 고백하다, 실토하다

머쓱하다 무안을 당하거나 흥이 꺾여 어색하고 부끄러움을 뜻하는 말.

신신당부하다 여러 번 반복해 간곡히 부탁하다.

타박하다 실수하거나 잘못한 부분을 나무라거나 핀잔 주는 일을 일컫는 말.

검색 엔진 인터넷에서 사이트들을 검색하기 위한 프로그램. 찾고자 하는 주제의 키워드를 입력하면 그와 일치하거나 유사한 사이트를 찾아 준다.

일사천리 물이 빨리 흘러 천 리를 간다는 뜻으로, 어떤 일이 거침없이 빨리 진행됨을 이르는 말.

선정하다 여러 개 중에 하나를 뽑아 정하는 것을 일컫는 말.

승산 이길 수 있는 가능성을 뜻하는 말.

윽박지르다 심하게 짓눌러 기를 꺾음을 뜻하는 말.

논쟁 서로 다른 의견을 가진 사람들이 각각 자기의 주장을 말이나 글로 논하여 다투는 모습.

편향성 한쪽으로 치우쳐진 성질을 뜻하는 말.

의존하다 다른 것에 의지하여 존재하다.

아연실색 생각지도 못한 일에 얼굴빛이 변할 정도로 놀라는 모습을 일컫는 말.

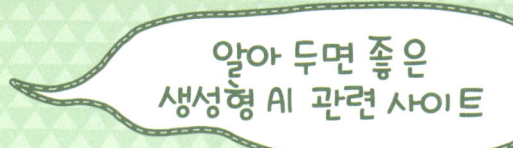

AI 펭톡 pengtalk-student.ebse.co.kr
교육부와 EBS가 공동으로 개발한 'AI 펭톡'. 화면 속 펭수와 일대일 영어 대화를 할 수 있는 무료 인공 지능 영어 교육 서비스. 프로그램을 켜고 '헬로'(hello)라고 말하면 AI가 나의 발음과 억양을 평가해 틀린 부분을 교정하도록 반복 연습시켜 준다.

칸 아카데미 ko.khanacademy.org
수학, 예술, 경제, 과학, 역사 등 다양한 과목의 연습 문제와 동영상 수업이 있는 무료 학습 사이트. 우리나라 초등 1학년부터 고등 3학년까지의 수학 연습 문제가 교과서 단원별로 정리돼 있다.

소프트웨어야 놀자 www.playsw.or.kr
코딩뿐 아니라 데이터와 AI에 대한 기초 지식을 쌓을 수 있는 사이트. 게임을 통해 자연스럽게 알고리즘, 프로그래밍 등과 같은 소프트웨어의 원리를 배울 수 있다.

오토드로우 www.autodraw.com
그리고 싶은 그림의 윤곽선만 대강 그리면 AI가 알아서 그림을 완성시켜 주는 사이트. 낙서처럼 그린 스케치가 순식간에 완벽한 그림으로 변하고, 채색도 할 수 있다.

신나는 토론을 위한 맞춤 가이드

『질문하면 바로바로 답이 나오는 챗 GPT』를 통해 챗 GPT란 무엇인지 잘 이해했나요? 우리 주변에서 많이 활용되고 있는 챗 GPT를 제대로 알고 사용하면 우리 일상이 편하게 바뀔 수 있을 거예요. 이제 마지막 단계인 토론을 잘하려면 올바른 지식과 다양한 정보가 뒷받침되어야 해요. 책을 다 읽고 친구 또는 부모님과 신나게 토론해 봐요!

잠깐! 토론과 토의는 뭐가 다르지?

토론과 토의는 모두 어떤 문제를 해결하기 위해 의견을 나누는 일입니다. 하지만 주제와 형식이 조금씩 달라요. 토의는 여러 사람의 다양한 의견을 한데 모아 협동하는 일이, 토론은 논리적인 근거로 상대방을 설득하는 일이 중요합니다. 토의는 누군가를 설득하거나 이겨야 하는 것이 아니기 때문에 서로 협력해서 생각의 폭을 넓히고 좋은 결정을 내릴 때 필요해요. 반면 토론은 한 문제를 놓고 찬성과 반대로 나뉘어 서로 대립하는 과정을 거치지요. 넓은 의미에서 토론은 토의까지 포함하는 경우가 많습니다. 토론과 토의 모두 논리적으로 생각 체계를 세우고, 사고력과 창의성을 높이는 데 도움을 준답니다.

토론의 올바른 자세

말하는 사람
1. 자신의 말이 잘 전달되도록 또박또박 말해요.
2. 바닥이나 책상을 보지 말고 앞을 보고 말해요.
3. 상대방이 자신의 주장과 달라도 존중해 주어요.
4. 주어진 시간에만 말을 해요.
5. 할 말을 미리 간단히 적어 두면 좋아요.

듣는 사람
1. 상대방에게 집중하면서 어떤 말을 하는지 열심히 들어요.
2. 비스듬히 앉지 말고 단정한 자세를 해요.
3. 상대방이 말하는 중간에 끼어들지 않아요.
4. 다른 사람과 떠들거나 딴짓을 하지 않아요.
5. 상대방의 말을 적으며 자기 생각과 비교해 봐요.

체계적으로 생각하기

챗GPT로 과제를 하면 왜 사회적 문제가 될까?

얼마 전 국내 어느 학교에서 학생들이 챗GPT가 대신 작성한 숙제를 냈다가 모두 0점을 받은 일이 있었다고 해요. 이 학생들도 신데렐라처럼 챗GPT에게 도움을 받으려다 결국 숙제를 모조리 맡겨 버리게 된 걸까요? 다음 기사를 읽고 아래 질문에 관해 자기 의견을 적어 보세요.

국내 국제학교 학생들, 챗GPT로 과제 대필… '전원 0점'
일상 파고드는 'AI 충격파' 국내 교육 기관 부정 행위 첫 적발

국내 수도권에 위치한 A국제학교가 최근 대화형 인공 지능(AI) 서비스인 챗GPT를 이용해 영문 에세이를 작성한 후 제출한 학생들을 전원 0점 처리한 것으로 확인됐다. 국내 교육 기관에서 챗GPT를 사용한 부정 행위가 확인된 건 처음이다.

A국제학교는 재학생 7명이 지난 달 말 영문 에세이 과제를 작성하면서 챗GPT가 내놓은 결과를 그대로 베껴 낸 사실을 적발했다. 학교 측은 과제에 AI가 사용됐는지 확인하는 교사용 프로그램으로 과제를 검토하다가 이 같은 부정 행위를 발견했다. 미국 프린스턴대학교 재학생이 개발한 챗GPT 활용 적발용 어플리케이션(앱) 'GPT 제로'를 통해서였다.

A국제학교 측은 "지난달부터 챗GPT를 활용해 영문 에세이 과제를 하는 학생이 늘었다. 과제 대필이나 표절 문제는 AI 활용 논란이 불거지기 전부터 예의 주시하고 있었다. 계속해서 검사 프로그램을 사용해 학생들의 과제에 정당한 점수를 줄 수 있도록 노력할 계획이다."라고 입장을 밝혔다. 다만 이번 사건이 AI를 사용한 부정 행위로는 첫 번째 사례이기 때문에 0점을 받은 학생들에게 추가 징계는 내리지 않기로 했다.

반면 재학생 B 군은 "구글을 쓰는 것보다 훨씬 빠르게 과제를 완성할 수 있기 때문에 많은 학생들이 챗GPT를 쓰기 시작했다"며 "문장이나 단어 몇 개를 바꾸면 적발이 안 될 수도 있다고 해서 여전히 챗GPT로 과제를 하는 학생들이 있다"고 말했다.

이미 미국에선 과제에 챗GPT를 활용하는 학생들이 늘면서 사회적 문제가 되고 있다. 새 학기가 시작되면 국내에서도 유사한 일이 생길 것으로 예상돼 국내 학교들도 대책을 마련할 필요가 있다는 지적이 나온다. (중략)

1. 기사에 따르면 해당 학교에는 챗GPT를 활용해 과제를 하는 학생이 늘고 있다고 합니다. 학생들이 과제에 챗GPT를 활용하는 이유는 무엇인가요?

2. 해당 학교에서는 챗GPT를 이용해 영문 에세이를 작성한 학생들을 전원 0점 처리했습니다. 이는 올바른 결정일까요? 그렇다면, 혹은 아니라고 생각한다면 그 이유를 무엇인지 적어 보세요.

3. 기사에서는 챗GPT를 이용해 과제를 하는 학생이 늘어나 사회적 문제가 되고 있다고 했습니다. 이것이 어떤 점에서 사회적 문제가 되는 것일까요? 그 이유를 생각해 보세요.

논리적으로 생각하기 1
최첨단 AI 개발이 환경 파괴로 이어진다면?

기술 발전에 관해 이야기할 때면 우리는 환경을 돌아보지 않을 수 없습니다. 가상화폐인 비트코인을 채굴하기 위해서도 어마어마한 탄소가 배출된다는 이야기를 들어 본 적 있을 텐데요. 챗GPT도 예외는 아닌 듯합니다.

챗GPT 사용할수록 뜨거워지는 지구

인공지능 사전 학습에 막대한 전기 사용
인류의 미래를 담보로 한 AI 훈련

2021년 발표된 <탄소 배출과 대규모 인공 신경망 훈련> 논문은 챗GPT의 언어모델 학습 과정에서 발생하는 탄소 배출량에 주목했다. 논문에 따르면 범용 AI 프로그램인 챗GPT3의 단일 모델을 교육하는 데 1,287메가와트시(MWh)가 쓰였다. 이는 미국 120개 가정이 10년간 소비하는 전력에 맞먹는다.

2021년 구글 AI 윤리팀 소속 연구원이 참여한 <확률론적 앵무새의 위험에 대하여> 논문은 대규모 AI 언어모델의 전력 소모량이 막대해 지구 온난화에까지 영향을 미칠 정도라고 밝혔다. 논문에 따르면 구글이 개발한 언어모델 학습 과정에서 발생한 탄소 배출량은 무려 284톤에 달했다.

미국의 언론사 블룸버그는 기사를 통해 "AI는 다른 형태의 컴퓨팅보다 엄청나게 많은 에너지를 사용한다. 그러나 실제로 AI가 얼마나 많은 에너지를 썼는지는 한 번도 투명하게 보고된 적이 없기 때문에 아무도 AI의 전기 사용량과 탄소 배출량을 정확히 알지 못한다"고 지적했다.

1. 챗GPT는 더욱 정교하고 정확한 답변을 내놓기 위해서 끊임없이 학습해야만 합니다. 챗GPT가 대량의 학습을 하고 그 결과로 똑똑해져 인간을 위해 쓰일 일이 많아질수록 환경은 파괴되는 모순이 발생하지요. 챗GPT를 훈련하는 과정에서 발생하는 탄소 배출량을 줄이기 위한 방법에는 어떤 것이 있을까요?

2. 인공 지능의 발전이 주는 이점과 환경 보호의 필요성을 모두 따져 보고, 기술과 환경을 모두 누리기 위해 우리가 할 수 있는 노력을 구체적으로 정리해 보세요.

논리적으로 생각하기 2

AI를 훈련하기 위해 인권이 훼손된다면?

챗GPT 기술이 가진 또 다른 논쟁에 관한 기사입니다. 챗GPT가 더욱 똑똑해지기 위해서는 끊임없이 학습해야 하고 그러기 위해서는 지구 어디에선가 누군가의 노동력이 착취될 수밖에 없다는 주장인데요.

챗GPT의 성장, 그 뒤에 가려진 어두운 현실

챗GPT에게 윤리 가르치려고 일하는 기업이 사람에겐 노동 윤리 지키지 않아

챗GPT 성장의 이면에 노동 착취가 있다는 사실이 외국 언론을 통해 알려졌다. 2023년 1월 미국 시사주간지 '타임'에 따르면 오픈AI는 챗GPT가 학습한 데이터 중 문제가 되는 내용을 사람이 직접 걸러내는 작업을 하면서 케냐 노동자들에게 저임금을 지불했다. 이들의 시급은 1.32~2달러(한국 돈으로 2천원 안팎) 수준으로, 노동 착취라는 지적이 나올 정도로 낮았다. AI의 윤리적 기준을 높이기 위해 일하는 노동자들이 실제 현장에서는 오히려 인간다운 대접을 받지 못한 것이다.

인터뷰에 응한 케냐 노동자 4명은 해당 업무를 하는 동안 어쩔 수 없이 온갖 폭력, 학대, 편견, 증오 등이 담긴 내용과 단어를 직접 읽고 분류하느라 무척 괴로웠고 정신적 피해를 입었다고 호소했다.

오픈AI만의 문제일까. 미국의 뉴스 웹사이트 '비즈니스인사이더'는 2023년 2월 <인공 지능의 더러운 비밀>이라는 칼럼을 통해 인공 지능의 화려한 커튼 뒤에 감춰진 노동에 주목했다. 기사는 케냐 사례를 언급한 뒤 "페이스북 역시 자체 콘텐츠 조정을 위해 케냐의 같은 하청업체와 계약했다"는 사실을 언급했다.

미국 MIT가 발행하는 잡지 'MIT테크놀로지리뷰'에 따르면 테슬라를 포함한 자율주행 자동차 기업들은 베네수엘라 노동자들에게 평균 시급 90센트만을 지불하고 자율주행 시스템 라벨링 작업을 맡겼다. 이 작업은 장애물을 발견했을 때 '사람'인지 '사물'인지를 구분해 명시해 주는 것으로, 일일이 사람 손으로 해야 하는 일이다. 베네수엘라를 택한 이유는 경제가 어려워져 주변국보다 저임금으로 노동력을 쓸 수 있기 때문이다.

1. 이 문제를 해결하기 위해 챗GPT의 학습과 관련한 기술을 어떻게 개선하면 좋을까요?

2. 기업의 입장에서 문제가 일어난 원인을 살펴보고, 문제를 해결할 방법을 적어 보세요.

챗GPT로 도표 만들기

챗GPT를 이용하여 우리 지역 무형 문화재와 유형 문화재에 대해 조사해 볼까요? 여러분이 사는 지역의 무형 문화재와 유형 문화재를 각각 5개씩 찾고, 각 문화재의 이름과 특징을 도표로 정리해 보세요. 도표를 만들기 위해서는 챗GPT에게 어떻게 도움을 요청해야 할까요? 먼저 챗GPT에게 질문할 내용을 정리해 보고 도표를 완성해 보세요.

❶ 챗GPT에게 질문하기:

❷ 챗GPT를 활용해 완성한 도표를 출력하여 아래 붙여 보세요.

예시 답안

체계적으로 생각하기
(1) 검색 엔진을 이용하는 것보다 훨씬 빠르고 정확한 정보 검색이 가능하기 때문에.
(2) 올바른 결정이라고 생각한다. 챗GPT의 도움을 받은 정도가 아니라, 챗GPT가 내놓은 답변을 그대로 제출한 것은 도둑질이나 다름없기 때문이다. 만약 그 학생들의 과제를 0점 처리하지 않았더라면 챗GPT를 이용하지 않고 스스로 힘으로 과제를 한 학생들은 억울했을 것이다.
(3) 학생은 숙제를 통해 학교에서 배운 내용을 복습하고 스스로 문제를 해결하는 능력을 키운다. 하지만 챗GPT를 이용해 과제를 손쉽게 해결하면 이러한 능력을 키울 기회를 잃게 된다. 더 많은 학생이 챗GPT에 의존할수록 학생들의 학습 능력에 문제가 생길 것이고, 이를 해결하려면 또 다른 방식의 교육에 불필요하게 시간과 비용을 들여야 한다.

논리적으로 생각하기 1
(1) 챗GPT의 전력 소모를 줄이기 위한 방안을 찾으려고 노력해야 한다. 예를 들어, 챗GPT의 학습 데이터를 줄이거나, 학습 데이터를 압축하는 등의 방법을 이용하여 챗GPT를 훈련할 때 필요한 전력 소모를 줄일 수 있을 것이다. 다음 버전의 챗GPT를 개발할 때에는 처음부터 환경 보호를 고려한 설계를 한다거나, 훈련할 때 발생하는 에너지 소모와 탄소 배출량을 줄이기 위한 기술을 발전시켜야 한다. 전력 소모를 줄이기 어려우면 탄소 배출량을 줄일 수 있는 친환경 전력원을 이용하는 방법을 찾는다.
(2) 챗GPT를 비롯한 인공 지능 기술의 발전은 일상생활에 많은 변화를 가져왔다. 그러나 이러한 발전에는 상당한 에너지와 자원이 소모되며 이는 곧 환경 파괴로 이어질 수 있다. 기술의 발전이 환경 파괴로 이어지지 않도록 하기 위해 우리는 다음과 같은 노력을 기울일 수 있다.
챗GPT 사용자들이 앞장서서 적극적으로 환경 보호에 참여해야 한다. 에너지를 절약하는 스마트 가전제품을 사용하거나, 자동차 대신 대중교통을 이용하는 등의 방법으로 탄소 배출을 줄일 수 있다. 또, 챗GPT를 활용하는 기업들이 환경 보호에 대한 책임을 다하도록 지켜보는 것도 필요하다.

논리적으로 생각하기 2
(1) 챗GPT의 학습 데이터를 무엇으로 할 것인가 하는 문제에 관해 고민해 볼 필요가 있다. 챗GPT의 학습 데이터는 주로 인터넷에서 수집된다. 인터넷에는 인종 차별이나 혐오 표현 등이 뒤섞여 존재하기 때문에 결국 인간이 일일이 다시 학습 데이터를 수정할 필요가 생긴 것이다. 인간의 노동력을 추가로 들이지 않아도 깨끗한 데이터를 수집할 수 있는 새로운 방법을 찾아야 한다.
(2) 기사를 통해 알 수 있듯이 일부 기업들은 저임금 노동력을 구하기 위해 경제가 붕괴된 나라를 일

예시 답안

부러 찾아가 가난한 사람들에게 일을 맡겼다. 인간의 윤택한 삶을 위해 기술 발전을 이끈다는 기업이 돈 때문에 인권을 훼손한 것이다. 인공 지능 기술 관련 기업도 기계가 아니라 인간의 삶에 책임감을 가져야 한다. 데이터 수집에 인간 노동력을 들이는 일을 피할 수 없다면, 관련 기업들이 노동자들에게 정당한 대가를 지급해야 한다.

창의력 키우기

(1) [예시] 대한민국을 대표하는 무형 문화재와 유형 문화재를 각각 5개씩 찾고 그 이름과 특징을 도표로 정리해 줘.

(2) 유형 문화재:

이름	특징
경복궁	조선 왕조의 궁으로, 왕실 건축물과 아름다운 정원이 특징임.
불국사	통일신라 시대 불교 사찰로, 다보탑과 석가탑이 있음.
석굴암	통일신라 시대 불교 동굴 사찰로, 석조 불상이 유명함.
첨성대	신라 시대에 지어진 것으로, 동양에서 가장 오래된 천문대임.
독립문	대한제국 때 일제에 맞서 자주 독립을 위해 세운 문임.

무형 문화재:

이름	특징
판소리	전통적인 이야기를 노래와 공연으로 이야기하는 민속 예술.
농악	농사 일을 기념하거나 의식을 행하는 농촌의 음악과 놀이.
종묘 제례	조선 왕실에서 열리던 제사와 의식의 전통을 이어오고 있음.
탈춤	다양한 종류의 가면을 쓰고 추는 전통적인 무용.
서예	붓과 먹을 사용하여 글자를 아름답게 쓰는 전통 미술.

경기도 사서협의회 추천도서 한국교육문화원 추천도서 아침독서 추천도서

100만 부 판매 돌파!

수학이 쉬워지고, 명작보다 재미있는
뭉치수학왕

 +

"인공지능(AI) 시대의 힘은 수학에서 나온다!"

개념 수학

《수와 연산》
1. 양치기 소년은 연산을 못한대
2. 견우와 직녀가 분수 때문에 싸웠대
3. 가우스, 동화 나라의 사라진 0을 찾아라
4. 가우스는 소수 대결로 마녀들을 물리쳤어
5. 앨런, 분수와 소수로 악당 히들러를 쫓아내라
6. 약수와 배수로 유령 선장을 이긴 15소년

《도형》
7. 헨젤과 그레텔은 도형이 너무 어려워
8. 오일러와 피노키오는 도형 춤 대회 1등을 했어
9. 오일러, 오즈의 입체도형 마법사를 찾아라
10. 유클리드, 플라톤의 진리를 찾아 도형 왕국을 구하라
11. 입체도형으로 수학왕이 된 앨리스

《측정》
12. 쉿! 신데렐라는 시계를 못 본대

13. 알쏭달쏭 알라딘은 단위가 헷갈려
14. 아르키는 어림하기로 걸리버 아저씨를 구했어
15. 원주율로 떠나는 오디세우스의 수학 모험

《규칙성》
16. 떡장수 할머니와 호랑이는 구구단을 몰라
17. 페르마, 수리수리 규칙을 찾아라
18. 피보나치, 수를 배열해 비밀의 방을 탈출하라
19. 비례배분으로 보물섬을 발견한 해적 실버

《자료와 가능성》
20. 아기 염소는 경우의 수로 늑대를 이겼어
21. 파스칼은 통계 정리로 나쁜 왕을 혼내 줬어
22. 로미오와 줄리엣이 첫눈에 반할 확률은?

《문장제》
23. 개념 수학-백점 맞는 수학 문장제①
24. 개념 수학-백점 맞는 수학 문장제②
25. 개념 수학-백점 맞는 수학 문장제③

융합 수학
26. 쌍둥이 건물 속 대칭축을 찾아라(건축)
27. 열차와 배에서 배수와 약수를 찾아라(교통)
28. 스포츠 속 황금 각도를 찾아라(스포츠)
29. 옷과 음식에도 단위의 비밀이 있다고(음식과 패션)
30. 꽃잎의 개수에 담긴 수열의 비밀(자연)

창의 사고 수학
31. 퍼즐탐정 셜렁홈즈①-외계인 스콜피오스의 음모
32. 퍼즐탐정 셜렁홈즈②-315일간의 우주여행
33. 퍼즐탐정 셜렁홈즈③-뒤죽박죽 백설 공주 구출 작전
34. 퍼즐탐정 셜렁홈즈④-'지지리 마란드러' 방학 숙제 대작전
35. 퍼즐탐정 셜렁홈즈⑤-수학자 '더하길 모레'와 한판 승부

36. 퍼즐탐정 셜렁홈즈⑥-설국언차 기관사 '어러도 달리능기라'
37. 퍼즐탐정 셜렁홈즈⑦-해설 및 정답

수학 개념 사전
38. 수학 개념 사전①-수와 연산
39. 수학 개념 사전②-도형
40. 수학 개념 사전③-측정·규칙성·자료와 가능성

독후 활동지

본책 40권+독후 활동지 7권
정가 580,000원